Les Insectes et les Araignées

Cet ouvrage a été conçu et réalisé par Weldon Owen Pty Limited.

Directeur général : John Owen
Président : Terry Newell
Éditeur : Sheena Coupe
Direction éditoriale : Rosemary McDonald
Direction artistique : Sue Burk
Recherche iconographique : Karen Burgess
Directeur de fabrication : Caroline Webber
Assistante de fabrication : Kylie Lawson
Vice-directeur général, responsable des ventes internationales : Stuart Laurence

Texte : David Burnie
Consultant : George Else et le département d'entomologie du Museum d'histoire naturelle de Londres.
Traduction et adaptation : Françoise Fauchet

Illustrateurs : Susanna Addario ; Martin Camm ; Simone End ; Christer Eriksson ; Giuliano Fornari ; Jon Gittoes ; Ray Grinaway ; Tim Hayward/Bernard Thornton Artists, UK ; Robert Hynes ; David Kirshner ; Frank Knight ; James McKinnon ; John Richards ; Trevor Ruth ; Claudia Saraceni ; Kevin Stead ; Thomas Trojer ; Rod Westblade.

ISBN : 2-09-277228-7
N° d'éditeur : 1 00 67 797

Composition : PFC - Dole

Les Insectes et les Araignées

TRADUCTION ET ADAPTATION

FRANÇOISE FAUCHET

NATHAN

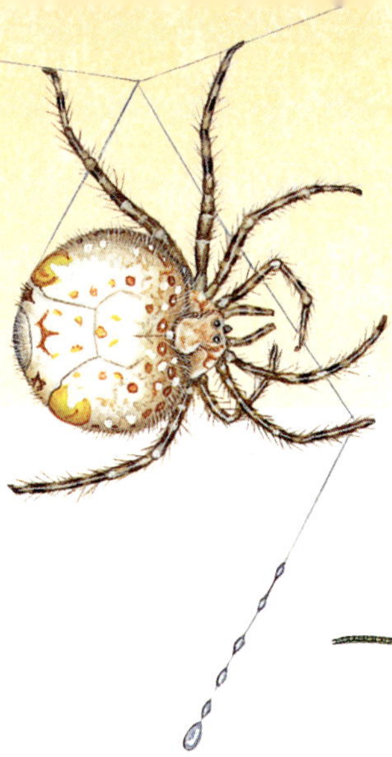

Sommaire

• INSPECTION •

Une grande réussite 6

Qu'est-ce qu'un insecte ? 8

Gros plan 10

• QUESTION DE SURVIE •

La perception 12

L'alimentation 14

Les prédateurs et les parasites 16

Les insectes et les plantes 18

Les moyens de défense 20

• LES CYCLES DE LA VIE •

Premiers pas 22

De la nymphe à l'âge adulte 24

La transformation 26

• LE MONDE DE L'INSECTE •

Le vol 28

La locomotion 30

La communication 32

Les nids et les abris 34

• LES GRANDS ORDRES •

Les coléoptères 35

Les lépidoptères 40

Les hyménoptères 42

Les diptères 44

Les homoptères 46

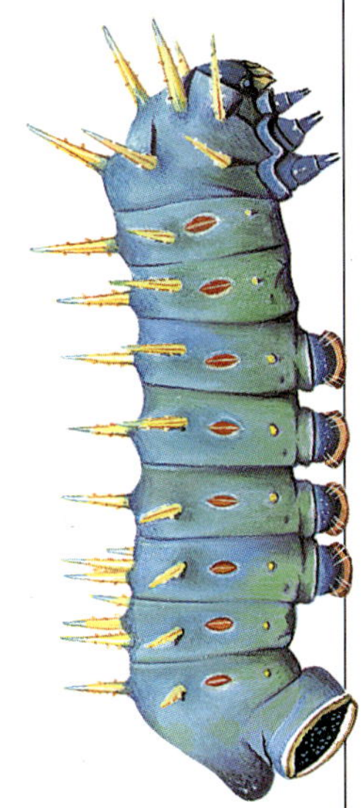

• LES INSECTES ET LES HOMMES •

L'impact des insectes 48

• PLEINS FEUX SUR LES ARAIGNÉES •

Présentation 50

Les fileuses 52

Les chasseuses 54

Modes de défense 56

Renaissance 58

Ordres des insectes et des araignées 60

Glossaire 62

Index 64

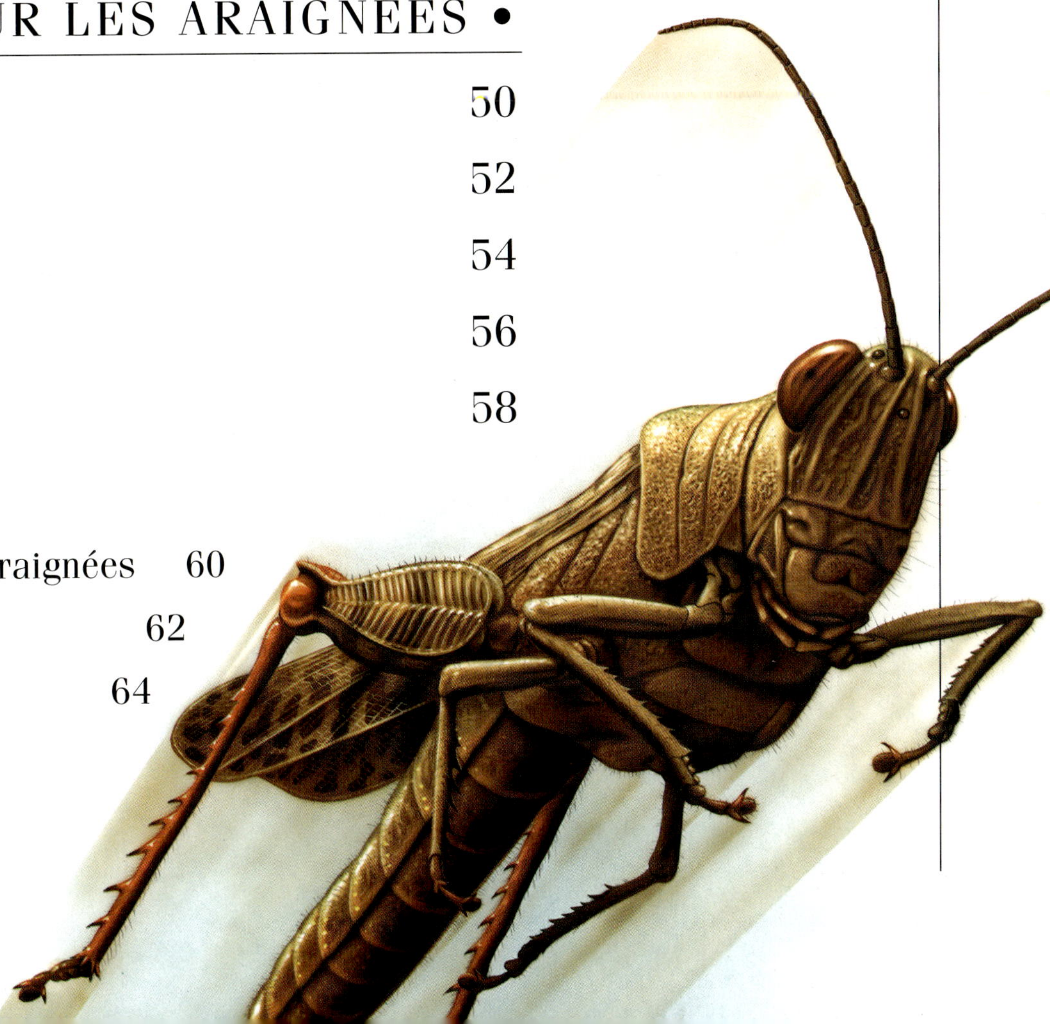

• INSPECTION •

Une grande réussite

Les insectes comptent parmi les créatures les plus prospères du monde vivant. Apparus il y a plus de 400 millions d'années, certains ont peu changé, comme en témoignent les spécimens fossilisés, telle cette libellule à gauche. Avec plus d'un million d'espèces identifiées, leur nombre dépasse celui de toutes les autres espèces animales réunies. Toutes n'ont pas encore été répertoriées puisque certains chercheurs pensent qu'il en existe près de dix millions en tout. Plusieurs facteurs expliquent ce nombre impressionnant, mais le principal reste leur taille. Ils sont si petits que chaque individu se contente de minuscules quantités de nourriture. De plus, leur alimentation (bois, feuilles, sang et autres insectes) et leur habitat sont très divers. Les chances de survie des différentes espèces sont renforcées par leur résistance aux conditions extrêmes, et, pour certaines, par leur capacité à voler. Les insectes du désert supportent des températures supérieures à 40 °C, tandis que certains œufs endurent parfois un froid glacial.

ENVOL
Les insectes furent les premiers animaux à voler. L'extrême mobilité des ailes du hanneton l'aide à fuir le danger. Mais ce mâle vole peut-être à la recherche d'une partenaire.

INSECTES AQUATIQUES
De nombreuses espèces, comme ce dytique, vivent en eau douce. En revanche, les insectes sont peu fréquents en mer.

LA VIE EN COMMUNAUTÉ
De nombreux insectes vivent en groupe. Cet essaim de criquets affamés compte plus deux milliards d'individus capables de dévorer d'énormes quantités de nourriture.

L'ARMÉE DES INSECTES
Les scientifiques classent les insectes en une trentaine de groupes différents, appelés ordres. Les plus importants sont représentés ci-dessus.

Le Saviez-Vous ?

Les insectes sont souvent si légers que la gravité agit à peine sur eux. Le long des parois verticales, ils montent presque aussi facilement qu'ils descendent. S'ils lâchent prise, ils se blessent rarement en retombant sur le sol.

Pourquoi est-ce un avantage pour les insectes d'être petits et légers ?

Petits Espaces de Vie

Compte tenu de leur morphologie, les insectes doivent avoir un petit corps léger, sinon ils seraient trop lourds pour se déplacer. Comme l'indique ce graphique, la plupart des espèces mesurent moins de 25 mm de long. Même les plus longues demeurent légères. Ainsi, le goliath ne pèse pas plus de 100 grammes. Les insectes tirent parti de leur petite taille en occupant les espaces trop étroits pour les animaux plus gros : entre la surface supérieure et la surface inférieure des feuilles ou dans les minuscules intervalles entre les particules du sol.

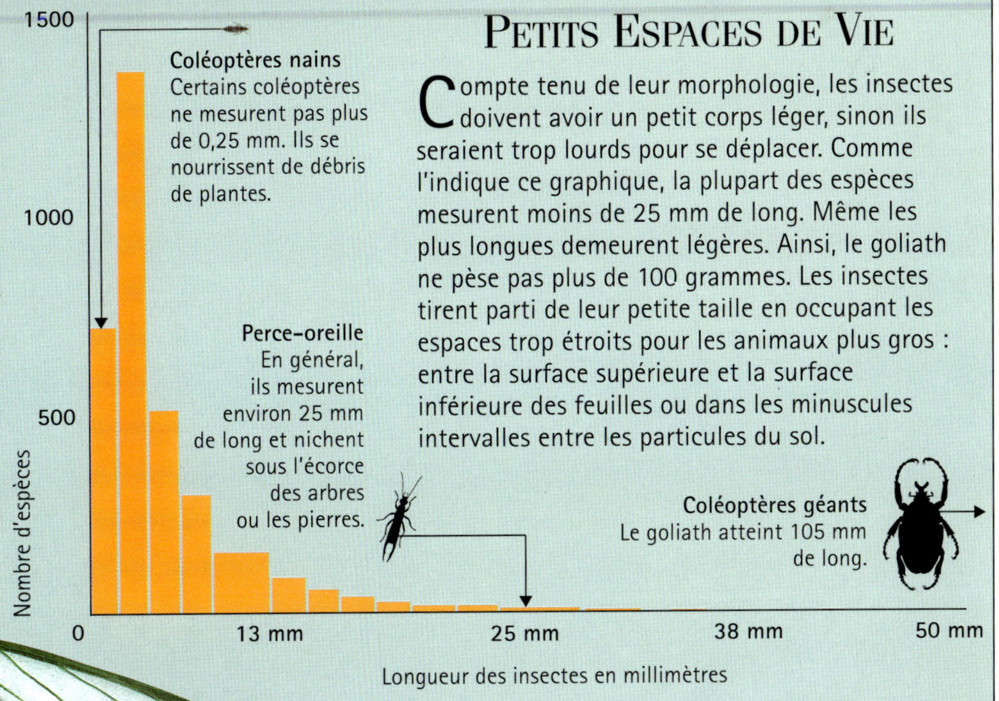

Pour en savoir plus, rendez-vous à la page 28 : *Le vol.*

Qu'est-ce qu'un insecte ?

Les insectes appartiennent au groupe animal des arthropodes. Tous possèdent un exosquelette, une sorte de carapace de protection. Couvrant tout leur corps, il se compose de pièces rigides (sclérites) sous lesquelles sont fixés les muscles. Des membranes souples reliant les sclérites permettent le mouvement. Le corps d'un insecte se divise en trois parties : la tête, le thorax et l'abdomen. Chez l'adulte, la tête porte une paire d'antennes, une paire d'yeux et un appareil buccal. Sur le thorax viennent s'attacher trois paires de pattes et, généralement, deux paires d'ailes. L'abdomen contient l'appareil digestif, les organes nécessaires à la reproduction et le dard, si l'insecte en possède un. L'exosquelette est formé d'une substance semblable à du plastique naturel, la chitine. Il est souvent recouvert d'une plaque cireuse qui empêche la déshydratation.

Myriapode

Tique

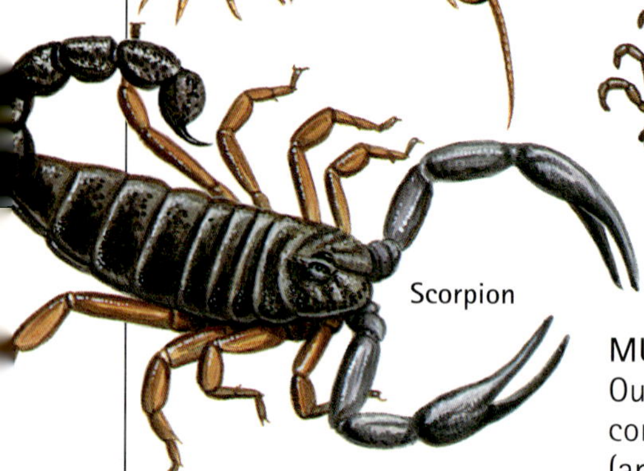
Scorpion

MUNIS D'UNE ARMURE
Outre les insectes, les arthropodes comptent les arachnides (araignées, mites, tiques et scorpions), les crustacés (crabes et homards) et les myriapodes.

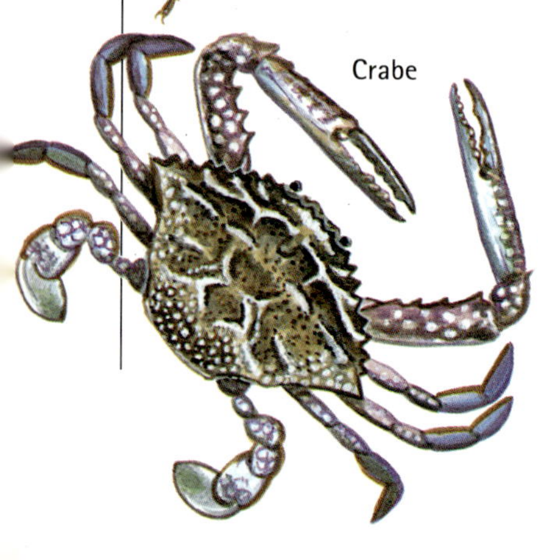
Crabe

Araignée

Le Saviez-Vous ?

La puce peut sauter à une hauteur cent fois supérieure à sa taille. Avec les muscles de ses pattes, elle comprime les coussinets de son thorax. Tels du caoutchouc, ils reprennent leur forme et la propulsent lorsqu'elle les libère.

UN MOTIF À RÉPÉTITION
Le corps d'un insecte est fait de pièces disposées en segments. On distingue aisément ces segments sur l'abdomen de cette blatte.

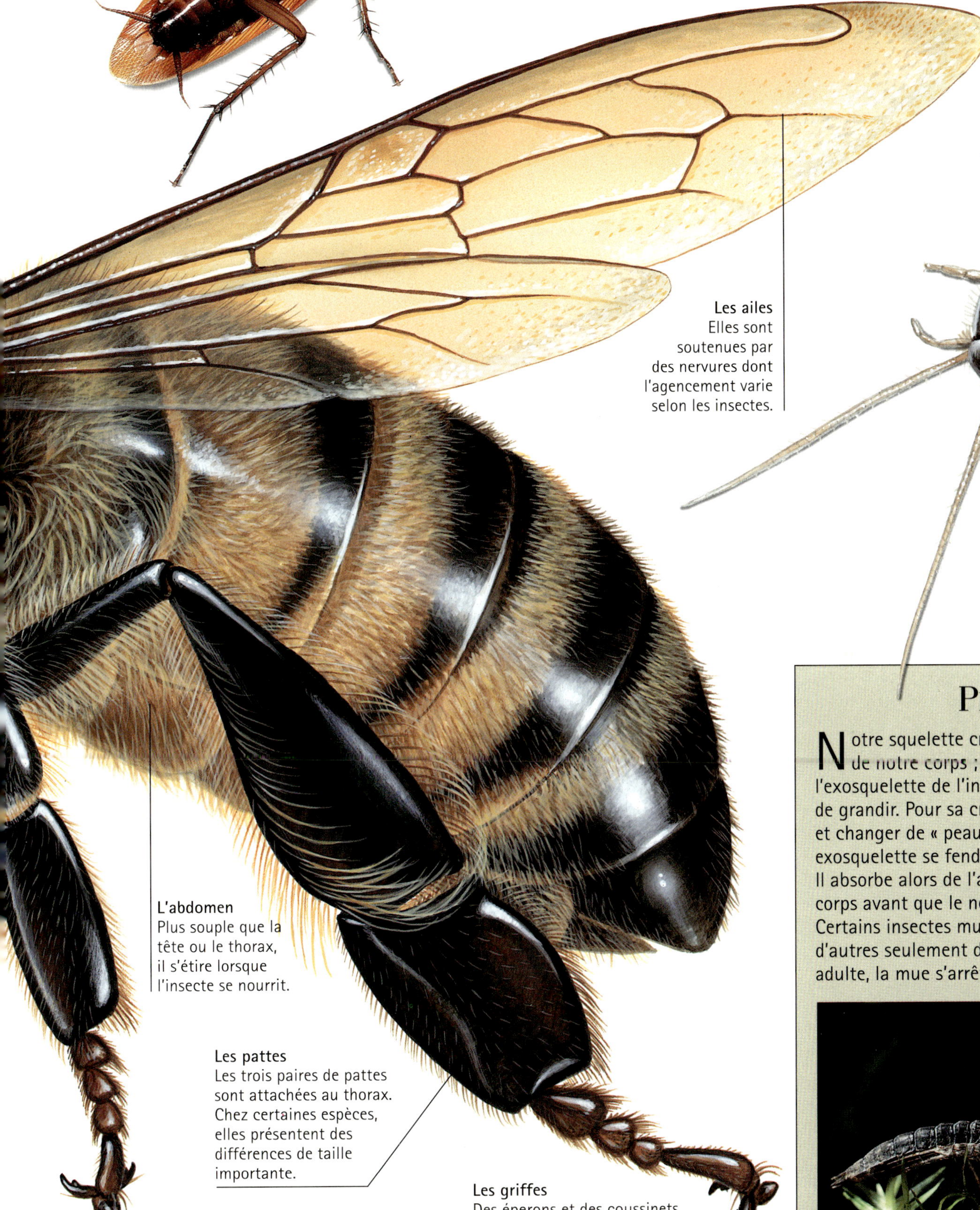

Les ailes
Elles sont soutenues par des nervures dont l'agencement varie selon les insectes.

L'abdomen
Plus souple que la tête ou le thorax, il s'étire lorsque l'insecte se nourrit.

Les pattes
Les trois paires de pattes sont attachées au thorax. Chez certaines espèces, elles présentent des différences de taille importante.

Les griffes
Des éperons et des coussinets, fonctionnant comme des ventouses, permettent aux insectes de s'accrocher aux surfaces ou d'attraper leur nourriture.

UN INSECTE TYPIQUE
L'abeille ouvrière est un insecte volant typique doté de deux paires d'ailes et de six pattes. Son corps comprend trois parties : la tête, le thorax et l'abdomen.

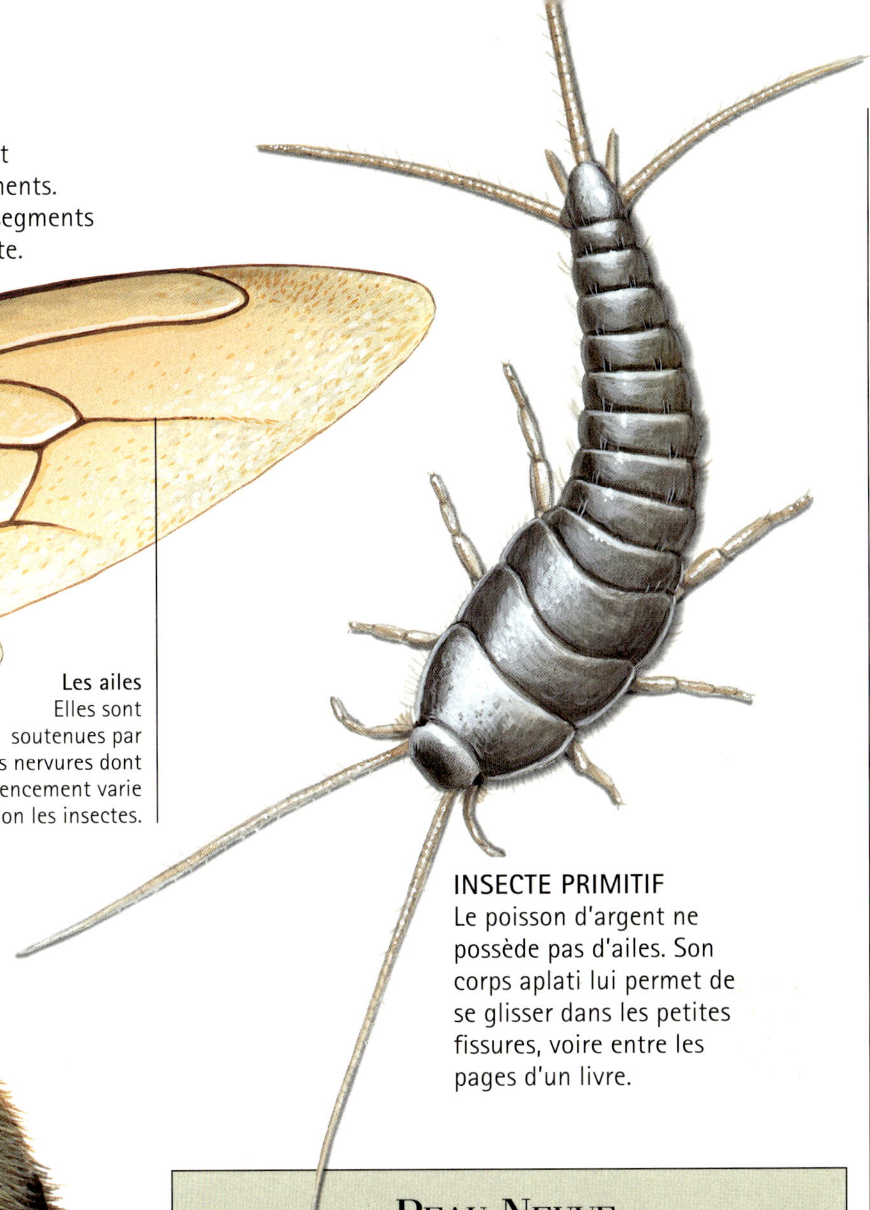

INSECTE PRIMITIF
Le poisson d'argent ne possède pas d'ailes. Son corps aplati lui permet de se glisser dans les petites fissures, voire entre les pages d'un livre.

Peau Neuve

Notre squelette croît en même temps que le reste de notre corps ; en revanche, une fois que l'exosquelette de l'insecte a durci, il lui est impossible de grandir. Pour sa croissance, l'insecte doit donc muer et changer de « peau ». Pendant la mue, l'ancien exosquelette se fend et l'insecte en sort en rampant. Il absorbe alors de l'air ou de l'eau afin d'élargir son corps avant que le nouvel exosquelette ne durcisse. Certains insectes muent plus de vingt-cinq fois, d'autres seulement deux fois. En général, au stade adulte, la mue s'arrête et l'insecte ne grandit plus.

Pour en savoir plus, rendez-vous à la page 22 : *Premiers pas.*

• INSPECTION •

Gros plan

Le corps d'un insecte renferme de nombreux systèmes, chacun jouant un rôle dans la survie et la reproduction de l'animal. L'un des plus importants, l'appareil digestif, transforme la nourriture en combustible. Il est centré autour de l'intestin, ou tube digestif, qui traverse entièrement le corps. Lorsque l'insecte mange, la nourriture est stockée dans une partie renflée du tube, le jabot. Elle passe ensuite dans l'intestin moyen où elle est broyée et absorbée. Les restes sont expulsés par l'anus. Pour transporter les aliments digérés, l'appareil circulatoire utilise le sang et non l'oxygène. Le sang est pompé vers l'avant par un vaisseau dorsal (le cœur) qui assure ensuite l'irrigation de tous les organes. Le système nerveux et le cerveau assurent le fonctionnement harmonieux de tous les systèmes. Ils recueillent les signaux émis par les organes sensoriels et transmettent les messages d'une partie à l'autre du corps.

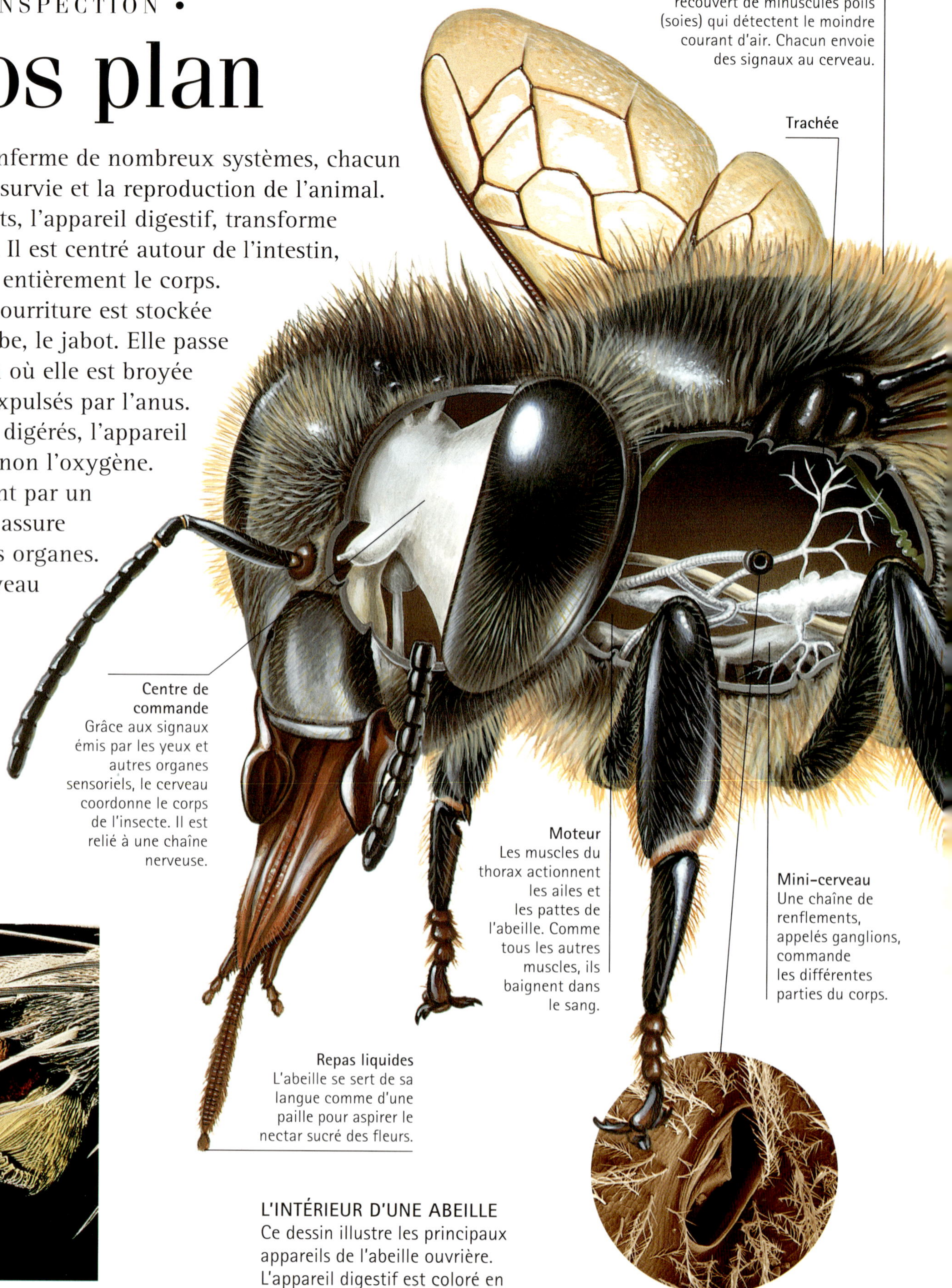

L'INTÉRIEUR D'UNE ABEILLE
Ce dessin illustre les principaux appareils de l'abeille ouvrière. L'appareil digestif est coloré en beige, l'appareil respiratoire en blanc, le système nerveux en gris et l'appareil circulatoire en vert.

DE VÉRITABLES CRAMPONS
Les pattes de mouche sont dotées d'une paire de griffes pour s'agripper aux surfaces rugueuses et de coussinets pour adhérer aux surfaces lisses.

Accrochées ensemble
L'abeille possède deux paires d'ailes. Les antérieures, plus grandes, sont reliées aux postérieures par une rangée de crochets. Les deux paires battent en même temps.

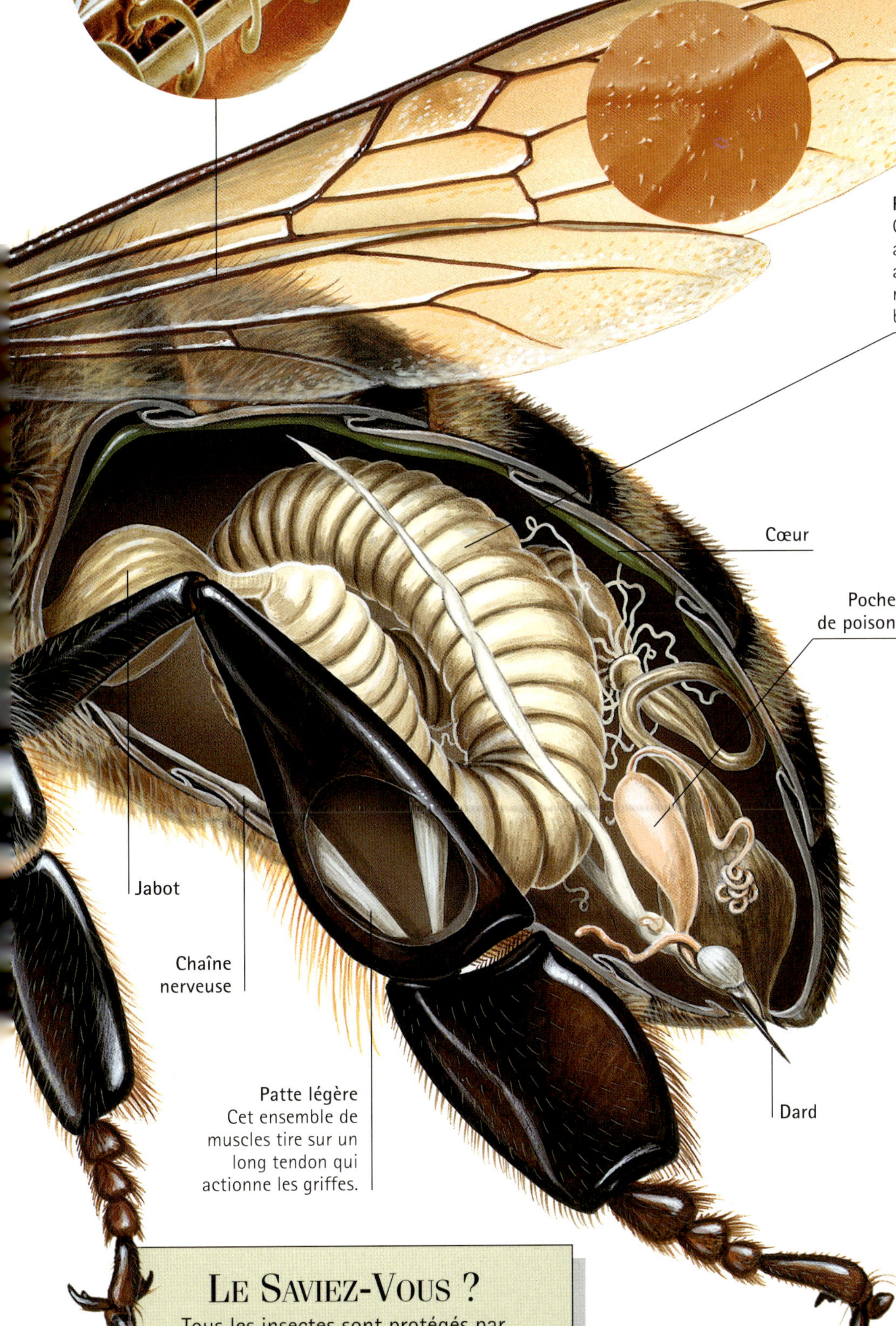

Des ailes robustes
Les ailes sont en chitine, la même substance que le reste de l'exosquelette. Chez certains insectes, elles sont couvertes de minuscules poils.

Ravitaillement de l'intestin moyen
C'est ici que la nourriture est digérée et absorbée. Les insectes qui mangent des aliments solides sont équipés d'une poche musculaire (gésier) où la nourriture est broyée avant d'être digérée.

Patte légère
Cet ensemble de muscles tire sur un long tendon qui actionne les griffes.

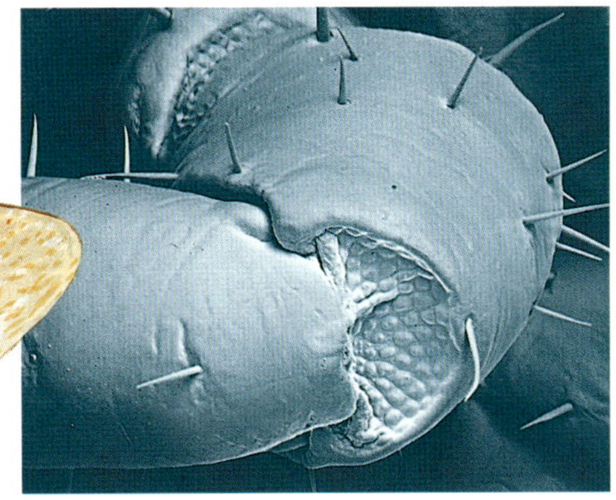

PATTES FLEXIBLES
Comme chez tous les arthropodes, les pattes de l'insecte sont articulées afin de pouvoir se plier. Voici l'articulation de la patte d'un pou de tête.

De Fines Trachées

Comme tous les animaux, les insectes respirent : ils avalent de l'oxygène et rejettent le gaz carbonique. Puisque leur sang ne transporte pas l'oxygène et qu'ils n'ont pas de poumons, ils respirent par de minuscules tubes appelés trachées. Leurs orifices, les stigmates, sont situés sur les côtés du thorax et de l'abdomen. Chaque trachée se divise en de multiples ramifications si fines qu'elles pénètrent dans les cellules. Lors de la mue, le rejet de l'ancien exosquelette, ou cuticule, se fait par les stigmates. Cette chenille illustre cet étonnant processus.

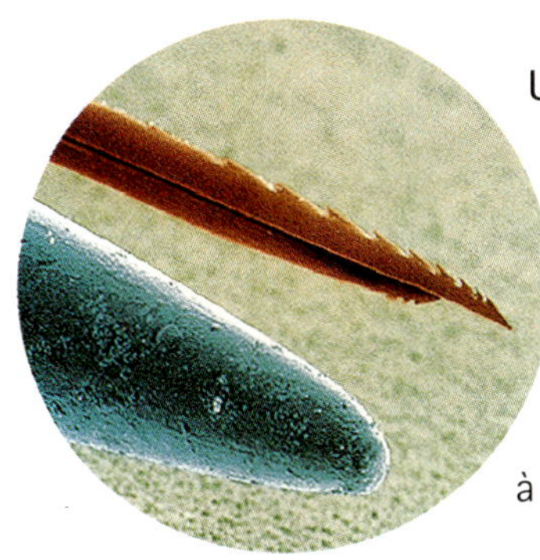

UNE ARME FATALE
Semblable à un harpon effilé et crocheté, le dard de l'abeille s'enfonce sous la peau puis libère son poison. Ici, le dard (en haut) est comparé à une aiguille.

Le Saviez-Vous ?

Tous les insectes sont protégés par une carapace mais dans le cas des larves, celle-ci est souvent très fine. Ces larves de criocères du lis se protègent de leurs ennemis en se couvrant de leurs propres excréments.

Pour en savoir plus, rendez-vous à la page 12 : *La perception*.

FACULTÉ SENSORIELLE
La forme des antennes varie selon les insectes, parfois même entre les mâles et les femelles d'une même espèce.

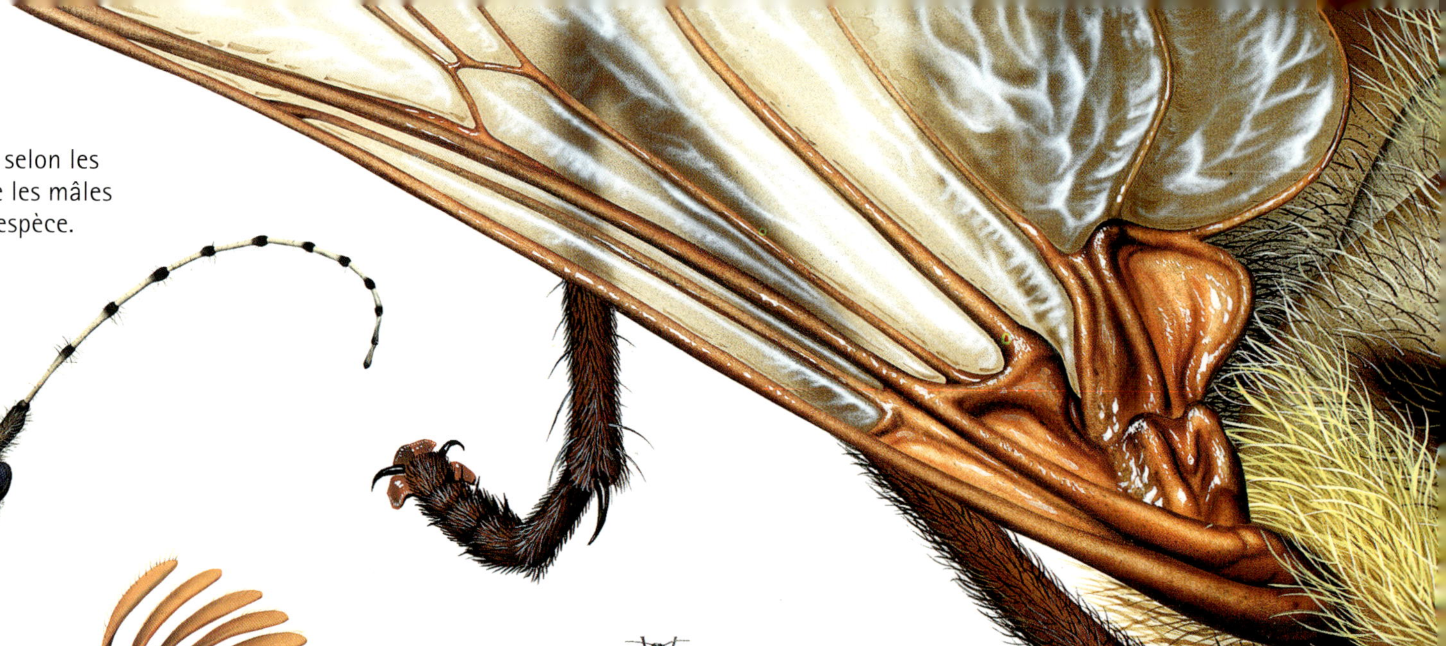

Vie nocturne
Le capricorne se sert de ses longues antennes pour se guider dans la nuit.

En quête de partenaire
En vol, la blatte mâle déploie ses antennes pour détecter l'odeur d'une femelle.

Point d'humidité
Grâce à ses antennes, le pou de tête détecte les parties humides du corps où il aspire le sang.

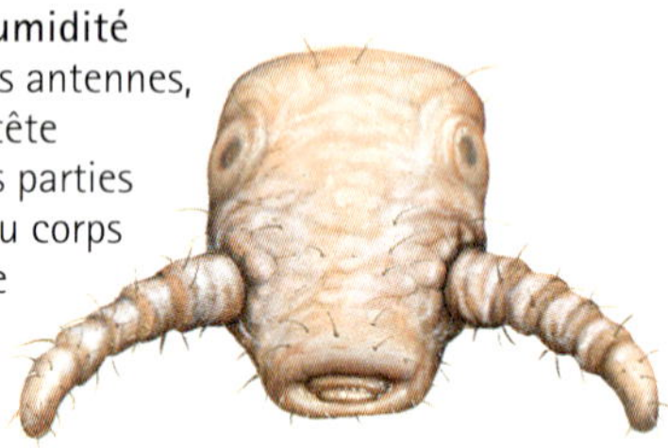

Capteur d'air
Les antennes du papillon sont formées par de fins tuyaux velus terminés par une petite boule. Les poils décèlent les courants d'air.

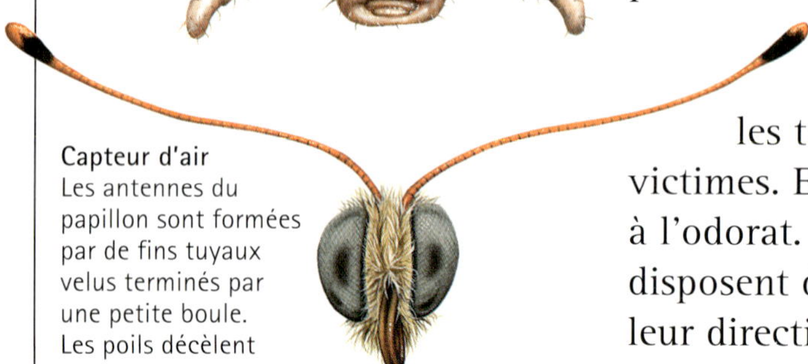

Points chauds
Grâce à ses antennes plumeuses, la femelle du moustique perçoit la chaleur des animaux à sang chaud et trouve ainsi sa nourriture dans l'obscurité.

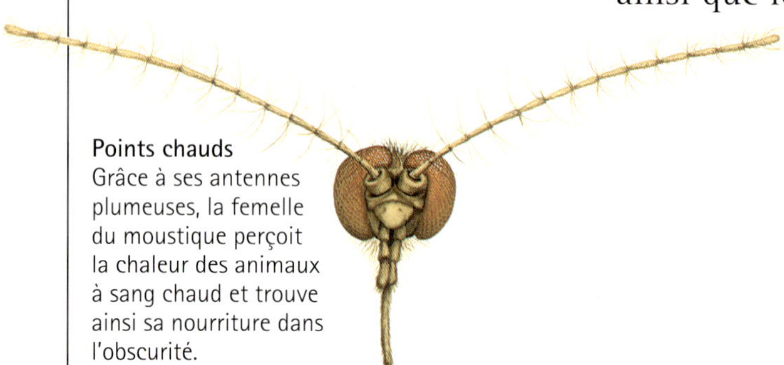

Odorat surdéveloppé
Le petit paon de nuit sent une femelle à plus de 3 kilomètres.

• QUESTION DE SURVIE •

La perception

Pour survivre, un insecte doit connaître le monde qui l'entoure. Il doit être capable de trouver sa nourriture, un partenaire et, surtout, il lui faut déceler son ennemi avant qu'il ne l'attaque. Comme beaucoup d'animaux, les insectes possèdent cinq sens : la vue, l'ouïe, l'odorat, le toucher et le goût. Chaque type d'insecte en utilise certains plus que d'autres. Parce qu'ils volent de jour, les libellules et les taons sont dotés de grands yeux pour repérer leurs victimes. En revanche, la plupart des papillons de nuit se dirigent à l'odorat. Outre cette perception de l'environnement, les insectes disposent de sens pour contrôler leur corps. Ils leur indiquent leur direction de vol, la position de leurs ailes et de leurs pattes ainsi que leur vitesse. Pour les insectes volants, ces sens sont particulièrement importants.

Vision humaine

Vision de l'abeille

VOIR L'INVISIBLE
Les insectes perçoivent souvent des longueurs d'onde lumineuses invisibles à l'homme. L'image, ci-dessus à droite, illustre la vision d'une fleur par une abeille. Plus détaillée que celle de l'homme, elle guide l'insecte jusqu'au nectar.

PETITS YEUX
Plus les ommatidies sont nombreuses, plus la vision de l'insecte est précise. Les yeux composés de cette fourmi ouvrière sans ailes, qui vit dans l'obscurité, n'en comptent que quelques centaines.

Quel est le rôle des antennes dans la survie des insectes ?

Des Oreilles sur le Corps

Les insectes entendent souvent grâce à leurs antennes mais ils peuvent déceler les sons et les vibrations d'autres manières.

Des oreilles sur les pattes
Les sauterelles disposent d'oreilles sur les pattes antérieures. Il s'agit de tympans, de fines membranes ovales qui vibrent au contact de l'air.

Perception par le sol
Les fourmis sentent les vibrations dans leurs pattes. Elles réagissent le plus souvent en se préparant à l'attaque.

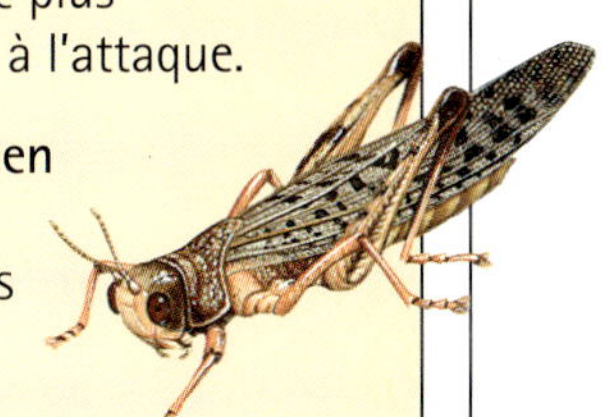

Des oreilles sur l'abdomen
Les criquets sont dotés d'oreilles sur l'abdomen. Ils sont particulièrement sensibles à l'appel de leur propre espèce.

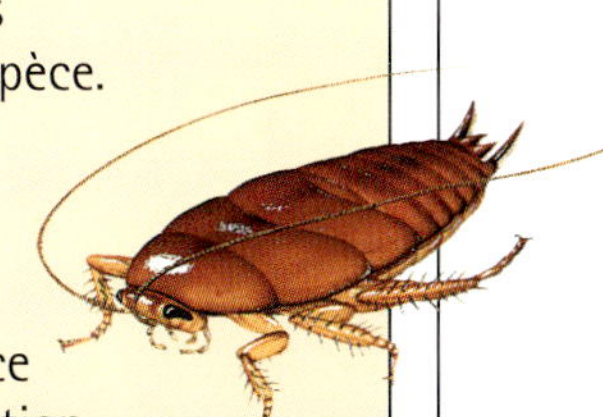

Du poil aux pattes
La blatte se sert de poils spéciaux pour percevoir les vibrations émises par ce qui s'avance dans sa direction.

Des ailes en guise d'oreilles
Les ailes des fourmilions, fines et délicates, décèlent les vibrations dans les airs et détectent les mouvements.

EN QUÊTE DE SANG
Les taons femelles, qui se nourrissent de sang, se servent de leur vision pour repérer leurs victimes. Comme la plupart des insectes, elles possèdent des yeux composés, faits de multiples petites facettes juxtaposées, appelées ommatidies.

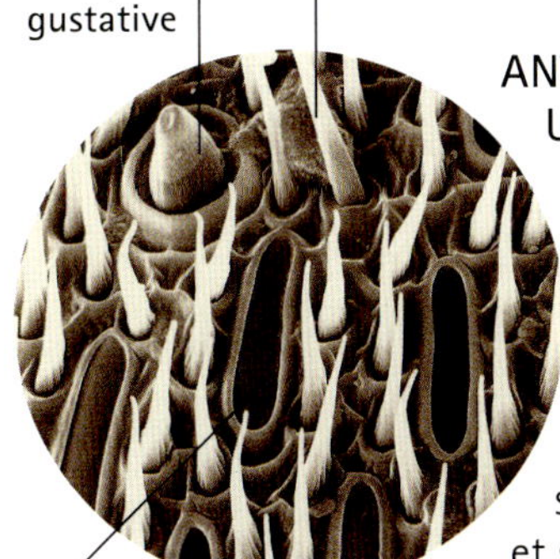

ANTENNES UNIVERSELLES
Cette vue microscopique présente la surface d'une antenne d'abeille avec ses papilles gustatives, ses capteurs d'odeurs et ses soies sensibles au toucher.

Pour en savoir plus, rendez-vous à la page 28 : *Le vol.*

UNE PERCEUSE VIVANTE
Le balanin des noisettes possède un long bec fin, appelé rostre, muni à son extrémité de minuscules mâchoires. S'en servant comme d'une foreuse, il perce des trous dans les noisettes.

L'alimentation

Les insectes se montrent individuellement assez difficiles en termes de nourriture. Mais pris collectivement, ils ont une consommation d'une grande variété. Si beaucoup se nourrissent de plantes ou de petits animaux, certains suivent un régime surprenant : bois pourri, sang, corne ou même laine. Chacun possède un appareil buccal à la forme appropriée. La mante religieuse, par exemple, dispose de mandibules acérées qui tailladent ses victimes tandis que d'autres parties tiennent la nourriture et la guident jusqu'à la bouche. Avec un appareil buccal similaire, la sauterelle possède toutefois une mâchoire beaucoup plus puissante et plus tranchante, qui lui permet de broyer les végétaux. Celui des insectes qui se nourrissent de liquides diffère souvent de celui des insectes qui mangent des aliments solides. Le long stylet du moustique fonctionne comme une seringue, tandis que le papillon se sert de sa longue langue, ou trompe, comme d'une paille. Comme on le voit ci-dessus à gauche, elle s'enroule lorsqu'elle ne sert pas.

RAVITAILLEMENT EN L'AIR
Lorsqu'ils déploient leur langue, les sphinx aspirent le nectar au cœur des fleurs. Certains possèdent des langues de plus de 15 cm de long.

CHANGEMENTS DE GOÛTS
Les larves et les insectes adultes mangent souvent des aliments très différents. Les eumènes se nourrissent de nectar tandis que leurs larves (ci-dessus à gauche) mangent des chenilles.

Appareils Buccaux

L'appareil buccal d'un insecte évoque une boîte à outils. Les différentes parties ont une forme adaptée à la prise d'un aliment particulier.

Tampons
Les mouches versent de la salive sur leur nourriture à l'aide d'un coussinet spongieux. Une fois dissout, l'aliment est aspiré.

Perceuses
Les moustiques femelles piquent la peau pour aspirer le sang tandis que les mâles se contentent de sucs végétaux.

Étaux
Les fourmis sont souvent dotées de puissantes mâchoires qui peuvent découper les petits animaux. Certaines parviennent à trancher la peau humaine.

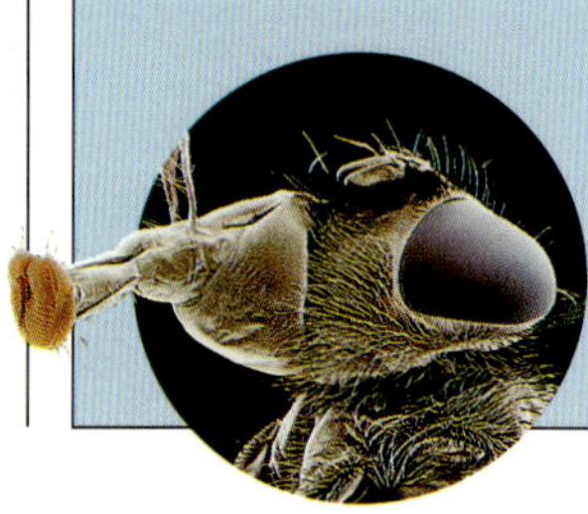

RESTAURATION RAPIDE
Le criquet peut rapidement dévorer une feuille. Ses pièces buccales, appelées palpes, explorent la feuille tandis qu'il mange.

Le Saviez-Vous ?

Ce ténébrionidé vit dans le désert africain du Namib. Pour se procurer de l'eau, il pointe son abdomen en direction du vent qui souffle de la mer afin de recueillir l'humidité qui se condense sur son corps.

NETTOYAGE

Avant de manger, la mouche doit verser de la salive sur sa nourriture. En séchant, la salive forme souvent de petites taches qu'on distingue une fois l'insecte envolé.

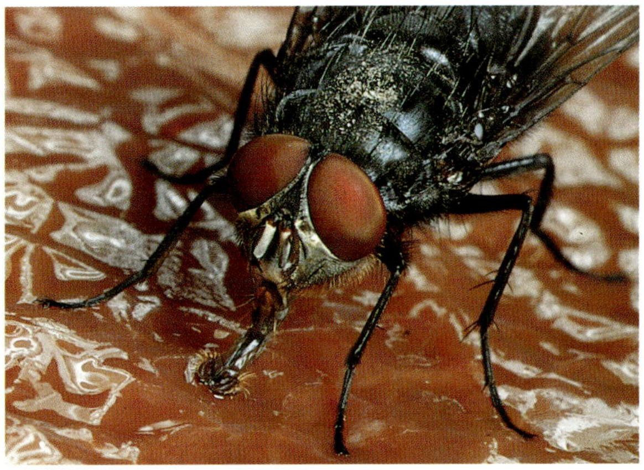

TUEUR PATIENT

La mante religieuse surprend ses victimes en projetant ses pattes antérieures. Elle les replie d'un coup sec, et leurs épines acérées retiennent la proie. Souvent, la mante commence son repas alors que sa prise se débat encore.

Pourquoi les insectes présentent-ils différents appareils buccaux ?

UNE FÉROCE BRINDILLE
Si la plupart des chenilles mangent des plantes, cette chenille de phalène de bouleau attrape d'autres insectes. Camouflée en brindille, elle attaque les petites mouches qui se posent près d'elle.

COURSE MORTELLE
Après les blattes, les cicindèles sont les coureurs les plus rapides parmi les insectes. Se déplaçant à plus de 50 centimètres par seconde, cette cicindèle chasse quelques fourmis. Grâce à ses énormes mâchoires, elle attrapera et broiera rapidement ses proies.

• QUESTION DE SURVIE •

Les prédateurs et les parasites

Un tiers des insectes se nourrissent d'autres animaux, soit comme prédateurs, soit comme parasites. Les prédateurs attrapent leur proie en chassant activement ou en attendant qu'elle vienne à eux. Certains des chasseurs les plus impressionnants se nourrissent en l'air. Les libellules, par exemple, fondent sur les insectes volants pour les saisir avec leurs longues pattes. Au sol, les chasseurs actifs comptent les coléoptères rapides ainsi que de nombreuses fourmis et guêpes. Certaines guêpes sont spécialisées dans la chasse aux araignées, qu'elles piquent parfois après une lutte acharnée. Les insectes qui chassent à l'affût sont souvent plus difficiles à repérer car certains, comme les mantes et les punaises, disposent d'un parfait camouflage. Certains guetteurs construisent des pièges spéciaux. Ainsi, les larves de fourmilions creusent dans le sol des puits en forme d'entonnoir pour y faire tomber les fourmis. Les parasites vivent sur ou à l'intérieur d'un autre animal, appelé hôte, dont ils se nourrissent du sang ou du corps. L'hôte en est parfois blessé ou tué.

CUEILLETTE FACILE
La chasse peut être aisée. En raison de leur lenteur, les pucerons ne peuvent échapper aux coccinelles affamées.

ATTAQUE SOUS-MARINE
Seuls quelques insectes sont assez gros pour tuer des vertébrés (animaux à colonne vertébrale). Ce dytique a réussi à attraper une salamandre.

MORT D'UNE ABEILLE
Les réduves poignardent leurs victimes de leur bec pointu pour sucer leur sang. À l'affût dans une fleur, celui-ci a attrapé une abeille.

ÉQUARRISSAGE

Au lieu de chasser des animaux vivants, les nécrophores se nourrissent de cadavres. Ils enterrent les dépouilles, puis partagent les restes avec leurs larves.

SERVI À DOMICILE

Les insectes parasites se nourrissent d'animaux vivants. Beaucoup pondent leurs œufs sur les larves d'autres insectes ou injectent leurs œufs sous la peau de leur hôte. Après éclosion, les larves se nourrissent sur l'hôte. Elles commencent par les parties les moins vitales de l'organisme afin qu'il survive le plus longtemps possible. Quand la larve a fini sa croissance, elle déchire la peau de l'hôte et sort. Cette chenille de sphinx de la vigne, dévorée par des ichneumons, est couverte de leurs cocons.

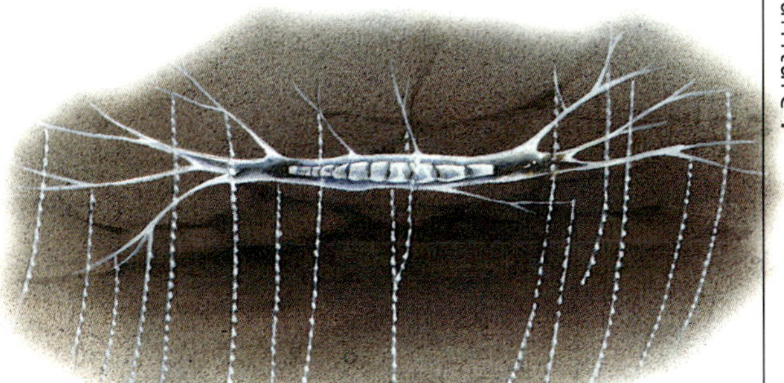

LE SAVIEZ-VOUS ?

Les larves de fungivoridés des grottes de Nouvelle-Zélande attirent les insectes volants en luisant dans le noir. Elles sécrètent un fil de mucus gluant pour intercepter ceux qui s'approchent, puis les dévorent avec le piège.

Les insectes et les plantes

MESSAGER VOLANT
Les abeilles, les papillons de jour et de nuit et les guêpes fréquentent assidûment les fleurs. Pendant qu'ils recueillent leur nectar sucré, ils se couvrent de pollen.

À leur apparition sur Terre, les insectes ont découvert un monde débordant de plantes. Pendant des millions d'années, les deux espèces ont évolué côte à côte. Si certains insectes sont devenus les ennemis mortels des plantes, d'autres se sont alliés avec elles pour survivre. Les insectes se servent des plantes à diverses fins mais surtout pour se nourrir. La plupart mangent les végétaux vivants mais certains favorisent leur décomposition lorsqu'ils sont morts. Ainsi, ils contribuent au recyclage des nutriments importants pour d'autres plantes. Les insectes vivent aussi sur ou dans les plantes, ce qui les abîme souvent. Face à cette agression, les plantes ne restent pas sans défense. Beaucoup se servent de poils gluants ou fabriquent des substances chimiques pour tenir les insectes à distance. Néanmoins, tous les visiteurs ne sont pas malvenus. Lorsqu'elles se nourrissent de fleurs, les abeilles transportent le pollen d'une plante à l'autre, leur permettant de se reproduire et d'étendre leur territoire.

TOUT LE MONDE S'ACCROCHE
Les chenilles doivent s'agripper pour manger. Elles possèdent des pattes spéciales terminées par des coussinets-ventouses qui disparaissent lorsqu'elles se transforment en papillons.

ÉVASION
Les graines contiennent des réserves de nourriture qui aident les jeunes plantes à survivre. Ce charançon qui sort d'un grain de blé vient de manger certaines de ces provisions.

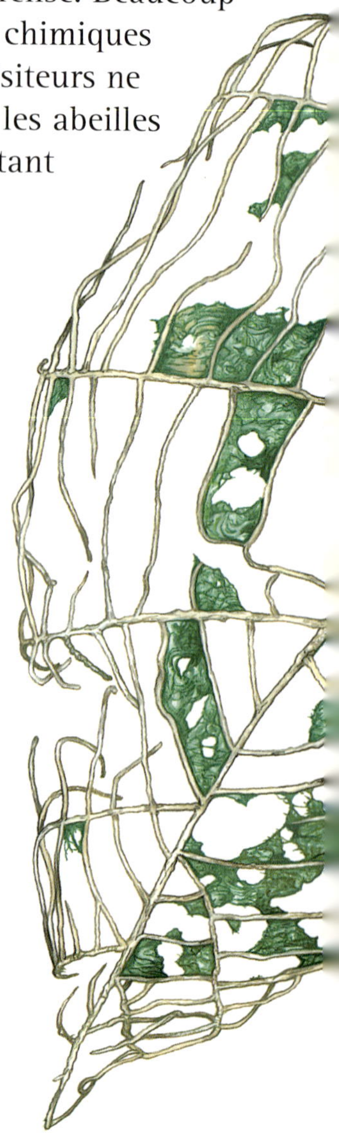

CROISSANCE LENTE
La larve du lucane cerf-volant passe sa vie entière de larve cachée dans du bois pourri. Comme le bois n'est pas très nourrissant, elle met longtemps à se développer.

ÉTONNANT MAIS VRAI

La chenille d'un papillon de nuit mexicain grandit à l'intérieur d'un haricot. S'il tombe sur le sol chaud en plein soleil, la chenille s'agite pour faire « sauter » le haricot à l'ombre. Celui-ci parvient ainsi à faire des bonds de près de 5 centimètres.

FESTIN DE FEUILLES
Progressant côte à côte, ces larves dévorent une feuille. Si les insectes tuent certaines plantes, il en reste toujours assez pour assurer la survie à la fois des végétaux et des insectes.

CONSTRUCTION DE FEUILLES
Avec leurs mâchoires, les femelles des abeilles coupeuses de feuilles découpent des morceaux de feuille qu'elles rapportent au nid pour construire des cellules tubulaires pour leurs larves.

Plantes Insectivores

Pour pousser, les plantes ont besoin de minéraux nutritifs. En général, elles les trouvent dans le sol, mais certaines, vivant dans des sols pauvres, doivent aussi se les procurer dans le corps des insectes. Ce drosera a englué une mouche qu'il va bientôt digérer. D'autres plantes carnivores attrapent les insectes dans des poches remplies de fluide ou entre leurs feuilles qu'elles referment brusquement.

Les moyens de défense

Pour les insectes, le monde est rempli de dangers. Constamment menacés, ils ont pour prédateurs non seulement les oiseaux, les lézards et les araignées, mais aussi d'autres insectes. Beaucoup se défendent en fuyant à la première alerte. D'autres se tiennent tranquilles et bien cachés. Ils se dissimulent dans le sol ou le bois pourri, ou changent pour ressembler à ce qui les entoure. Ceux qui imitent les épines, les branches, les feuilles et même les excréments sont souvent invisibles tant qu'ils ne bougent pas. Loin de se cacher, d'autres insectes arborent au contraire de vives couleurs, comme la chenille présentée à gauche, pour prévenir les prédateurs qu'ils sont désagréables ou même dangereux à manger. Toutefois, ces animaux ne sont pas toujours ce qu'ils paraissent. Certains insectes inoffensifs imitent ceux qui ont mauvais goût tandis que d'autres ressemblent à ceux dotés d'un dangereux dard. Lorsque ces stratégies échouent, certains passent à l'attaque. Munis d'une carapace, de mâchoires acérées et de sécrétions chimiques toxiques, ils parviennent souvent à s'en tirer.

POSITION DE COMBAT
Cette fourmi rousse se prépare au combat en pointant son abdomen vers le haut. À l'approche d'un attaquant, elle l'asperge d'un jet d'acide du bout de son abdomen.

ODEUR ÉCŒURANTE
Menacés, certains insectes, telle cette sauterelle, exsudent des gouttelettes d'un liquide malodorant. En général, les attaquants se tiennent à distance.

MIMÉTISME
Les insectes ont l'art de se camoufler. Ci-dessous, treize insectes différents tentent de se fondre dans leur environnement.

REGARD FIXE
Lorsqu'on les dérange, de nombreux papillons de nuit déploient leurs ailes postérieures et révèlent deux gros points qui ressemblent à deux yeux menaçants.

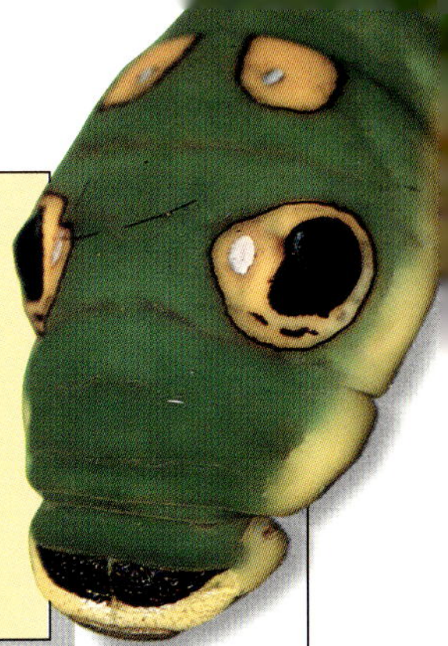

ÉTONNANT MAIS VRAI

Il est difficile d'imaginer un insecte imitant un serpent, pourtant c'est ainsi que se protègent les chenilles de machaon. Sur leur dos, elles possèdent deux gros yeux qui les font ressembler à de petits serpents venimeux.

Chenille de papillon de nuit
Les protubérances du corps de cette chenille la font confondre avec une brindille bourgeonnante.

Larve de machaon
La texture et la forme de son corps évoquent une fiente d'oiseau.

Sauterelle
Les ailes antérieures veinées sont réunies pour ressembler à une feuille verticale.

Mante des fleurs
Cette mante a la même couleur que la fleur. Camouflée, elle attend sa proie.

Lépidoptère
Ses ailes ressemblent à une feuille qui vient de tomber.

Criquet stridulent
Sa silhouette ronde et ses couleurs marbrées imitent un petit caillou.

STRATÉGIE DE DÉFENSE

Une défense unique parfaite n'existe pas. Les insectes ont donc parfois recours à plusieurs méthodes pour se protéger. Si l'une ne fonctionne pas, ils en essaient une autre. La chenille de grande queue fourchue s'en remet d'abord à son camouflage, mais si un attaquant la repère, elle adopte un autre plan. Elle gonfle la tête et relève sa paire de « cornes » pour l'effrayer. Si le danger persiste, elle envoie une giclée d'acide d'une glande située sous la tête.

RIPOSTE
Le weta géant de Nouvelle-Zélande redresse ses puissantes pattes arrière pour montrer qu'il peut contre-attaquer. Ces pattes sont dotées de terribles épines.

Premiers pas

Les animaux voient le jour de deux manières différentes. Certains se développent dans le corps de leur mère jusqu'à leur naissance. D'autres, comme la plupart des insectes, grandissent dans un œuf à l'extérieur du corps de la mère. Avant de pouvoir pondre, une femelle insecte doit en général s'accoupler. Ensuite, elle choisit un emplacement pour ses œufs en veillant à ce que chacun dispose de nourriture. Le plus souvent, elle abandonne ses petits sans chercher à s'en occuper. Il existe aussi des femelles capables de se reproduire sans accouplement. Certaines donnent naissance à des petits immédiatement viables, tels les pucerons qui mettent au monde des nymphes ou les mouches tsé-tsé qui donnent des larves. Parfois, les parents prennent attentivement soin de leurs œufs. Les femelles perce-oreilles, qui ont de petites couvées, s'occupent des œufs et les lèchent pour les nettoyer. Les punaises portent souvent leurs œufs sur le dos et veillent sur les petits après l'éclosion.

UN MOMENT DANGEREUX
Souvent plus petits que les femelles, les mâles doivent parfois se montrer prudents lors de l'accouplement. Cette mante mâle risque de se faire dévorer par sa partenaire.

NOURRIR LES PETITS
Les insectes se servent souvent de leur odorat pour choisir l'emplacement pour leurs œufs. Ce cadavre de souris a attiré des mouches à viande prêtes à pondre.

UNE VIE DE REINE
Dans une colonie de fourmis, seul un individu pond : la reine. Ses œufs sont emportés par les ouvrières qui soignent et nourrissent les petits après l'éclosion. La plupart des termites se reproduisent de la même manière.

Le Saviez-Vous ?

Les insectes vivipares forment des familles nombreuses. En quelques jours, une femelle chrysomèle ou puceron peut être entourée de dizaines de petits. Contrairement aux insectes ovipares, ces nouveau-nés peuvent se nourrir immédiatement.

DÉMÉNAGEMENT

La femelle de la punaise d'eau géante colle ses œufs sur le dos d'un mâle. Tandis qu'il porte les œufs, le mâle ne peut pas se servir de ses ailes.

ŒUFS D'INSECTES

Les œufs d'insectes sont étonnants. Compte tenu de leur taille minuscule, il est souvent difficile de les voir à l'œil nu. Si certains insectes pondent en vol, la plupart fixent leurs œufs sur un substrat qui nourrira les petits. Les œufs sont pondus individuellement ou en masse, par centaines ou même par milliers. Certains insectes préparent des structures spéciales pour favoriser leur survie. Les blattes pondent dans des étuis adaptés, et les chrysopes à l'extrémité de longs pédoncules que les prédateurs ont du mal à atteindre. Certains œufs éclosent peu de temps après, d'autres restent inactifs pendant les mois froids ou secs durant lesquels les adultes risquent tous de mourir.

Œufs de taon

Œufs de punaises

Étui d'œufs de blatte

Œufs de chrysope

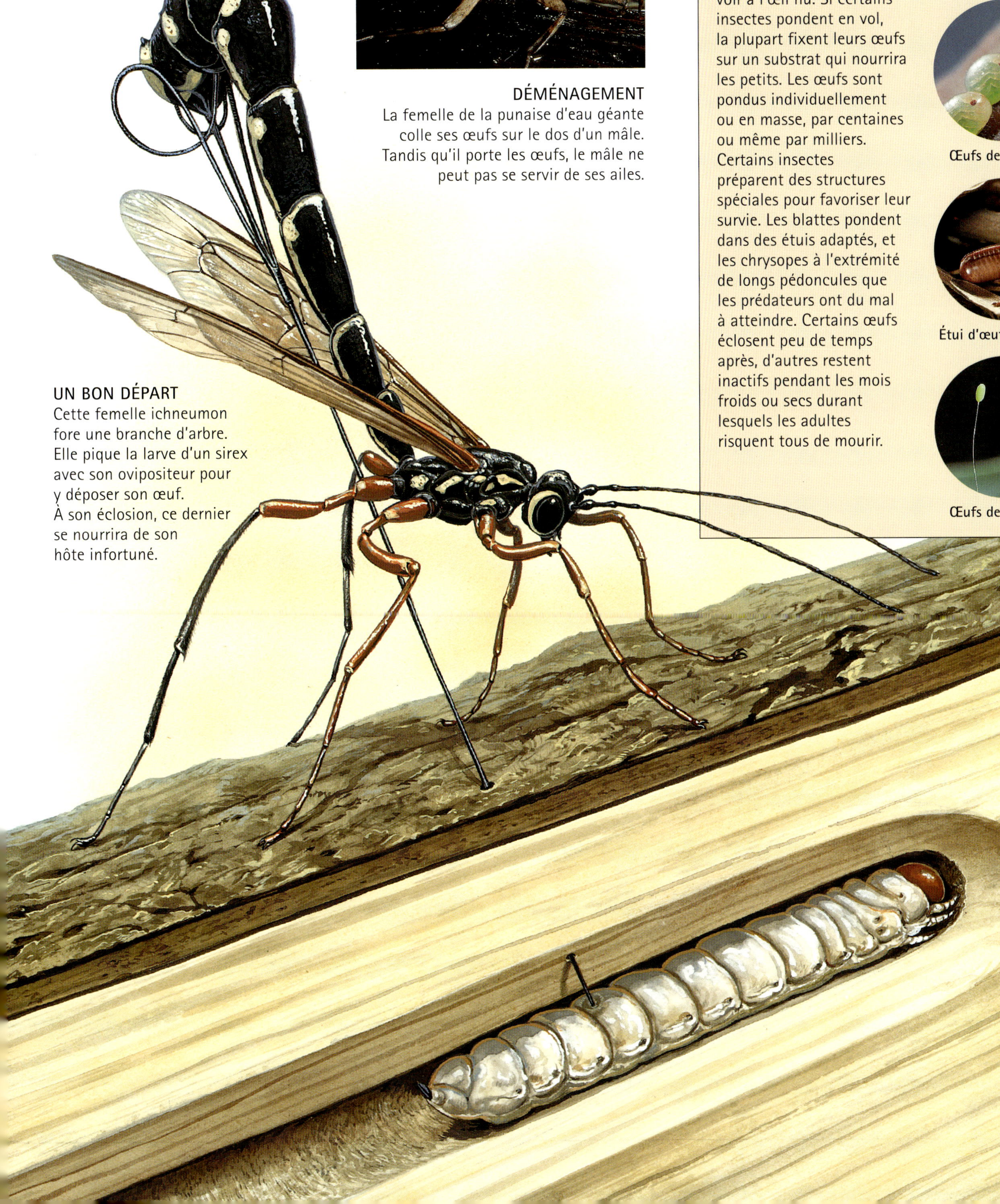

UN BON DÉPART

Cette femelle ichneumon fore une branche d'arbre. Elle pique la larve d'un sirex avec son ovipositeur pour y déposer son œuf. À son éclosion, ce dernier se nourrira de son hôte infortuné.

De la nymphe à l'âge adulte

Après l'éclosion, l'insecte commence à se nourrir et à se développer. Non seulement il grandit, mais il change souvent de forme. C'est la métamorphose. Chez certains insectes, les transformations sont infimes et les jeunes ressemblent aux adultes. Chez d'autres, elles sont si prononcées que le jeune et l'adulte sont radicalement différents. Les libellules, les sauterelles, les perce-oreilles, les blattes, les punaises et les mantes religieuses changent très peu. Leurs larves disposent simplement d'ébauches d'ailes, et leur couleur est en général différente de celle de leurs parents. Leur habitat et leur alimentation sont en général similaires, sauf dans le cas des libellules, dont la larve est aquatique. La plupart des nymphes muent à plusieurs reprises. À chaque mue, le corps grossit et les fourreaux alaires poussent. Ayant atteint sa taille définitive, la nymphe se dégage de son ancienne peau et émerge sous forme d'adulte (imago) doté d'ailes en état de marche. L'insecte s'envole alors à la recherche d'un partenaire.

MUE FINALE
Après des années passées dans le sol à l'état de nymphes, ces cigales muent pour la dernière fois. Leurs ailes froissées vont s'étirer et sécher.

COLONIE DE MANTES
Ces nymphes de mantes religieuses tout juste écloses ressemblent à leurs parents en miniature. Leurs pattes sont bien développées mais leurs ébauches d'ailes restent toutes petites.

NYMPHES SOUS-MARINES
Si la libellule adulte vit dans les airs, sa nymphe se développe sous l'eau. Elle peut vivre jusqu'à cinq ans dans l'eau avant de se hisser le long d'une tige de plante. Hors de l'eau, elle mue pour la dernière fois, prend sa forme adulte et s'envole.

La ponte
Cette libellule insère ses œufs dans une plante aquatique. Certaines espèces laissent tomber les œufs au fond des étangs.

L'éclosion
Les œufs de libellule peuvent mettre plusieurs semaines à éclore. Les nymphes pratiquent un trou dans l'œuf pour en sortir.

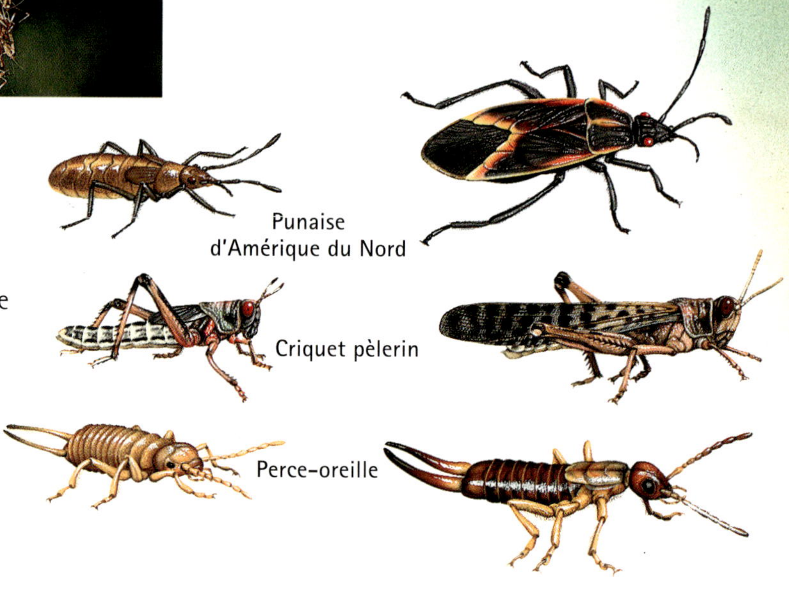

Punaise d'Amérique du Nord

Criquet pèlerin

Perce-oreille

DE LA NYMPHE À L'IMAGO
Comme ses parents (à droite), la nymphe possède six pattes. Son corps change de proportion au fil de sa croissance, mais il conserve la même forme.

COURTE VIE
Après être restée nymphe trois ans, cette femelle éphémère adulte ne vivra pas plus d'une journée. Incapable de boire ou de manger, sa seule fonction consiste à s'accoupler et à pondre.

Respirer sous l'Eau

De nombreux insectes passent une grande partie de leur vie sous l'eau. Tous respirent mais de différentes manières. Les scorpions d'eau et les larves de moustiques respirent l'oxygène de l'air, par des syphons qui percent à la surface. Les dytiques recueillent à la surface des bulles d'air qu'ils emportent sous l'eau en nageant. Les nymphes de libellules et de demoiselles respirent l'oxygène de l'eau par des fentes spéciales appelées branchies. Chez la libellule, elles sont situées dans l'abdomen, chez la demoiselle, elles forment de petites queues.

Scorpion d'eau

Dytique

Nymphe de demoiselle

Le patrouilleur
La libellule adulte possède de grands yeux et des ailes puissantes. Elle fond sur les insectes qui volent au ras de l'eau.

Le bain de soleil
Le jeune imago se repose au soleil pendant que ses ailes s'étirent et sèchent.

L'accouplement
Le mâle (à gauche) et la femelle s'accouplent. Le mâle maintient la femelle par la tête.

La sortie de l'eau
Juste avant la dernière mue, la nymphe grimpe le long d'une tige pour sortir de l'eau.

La libération
La nymphe avale de l'air pour faire éclater sa vieille peau puis se dégage.

Régime de chasseur
À l'aide de ses mâchoires articulées, la nymphe attrape des têtards, des vers et même des petits poissons.

Étonnant mais Vrai

Aux États-Unis, il existe deux espèces de cigales qui vivent treize à dix-sept ans sous terre avant d'atteindre le stade adulte. Répondant à un signal mystérieux, elles émergent par millions pour s'accoupler et pondre, puis le cycle recommence.

Le Saviez-Vous ?

La plupart des larves passent des heures à se nourrir chaque jour, elles grossissent rapidement. Avant de se changer en nymphes, elles pèsent souvent plus lourd que l'adulte de la même espèce.

LARVES SANS PATTES
Les larves de moustique vivent dans l'eau et se nourrissent d'animaux microscopiques. Elles nagent en se tortillant et respirent par de petits syphons.

• LES CYCLES DE LA VIE •

La transformation

Souvent, les jeunes insectes ne ressemblent en rien à leurs parents. Dépourvus d'ailes, ils sont parfois aussi sans pattes. Ils passent souvent tout leur temps dans ou sur les choses qu'ils mangent. Ce sont des larves, autrement dit des vers, des asticots et des chenilles. Par rapport aux adultes, leur corps est mou. Les larves se protègent en ayant très mauvais goût, en étant difficile à avaler ou en se camouflant. En général, une larve se nourrit pendant plusieurs semaines, muant à plusieurs reprises pendant sa croissance. Arrivée à maturité, son appétit disparaît brusquement, elle s'arrête de bouger et devient une nymphe (ou une chrysalide s'il s'agit d'un futur papillon). L'enveloppe externe peut être plus ou moins dure, et la nymphe est parfois protégée par un cocon de soie. À l'intérieur se produisent des changements considérables. La nymphe se décompose et se recompose pour devenir progressivement un imago. Une fois cette métamorphose terminée, l'enveloppe s'ouvre et l'imago, ailé, sort. Il est prêt à se reproduire.

SOIE NATURELLE
Le cocon d'un ver à soie se compose d'un seul fil de soie long de plus de 1 kilomètre. Dès sa sortie du cocon, le bombyx s'accouple.

AUX PETITS SOINS
Les larves d'abeilles, qui se développent dans des alvéoles de cire, sont nourries par les ouvrières. Ces abeilles se transforment en nymphes, elles seront bientôt adultes.

Durée du Changement

Le cycle de vie des insectes qui se développent par métamorphose complète comprend quatre stades. En général, chaque stade a une durée différente qui varie d'une espèce à l'autre. Le lucane cerf-volant passe de longs mois à l'état de larve, caché dans le bois à se nourrir de végétation pourrissante. La coccinelle se développe plus rapidement, et plus de la moitié de sa vie se déroule au stade adulte. La phrygane demeure larve la majeure partie de sa vie. Elle vit dans les étangs et les eaux stagnantes dans un fourreau spécial.

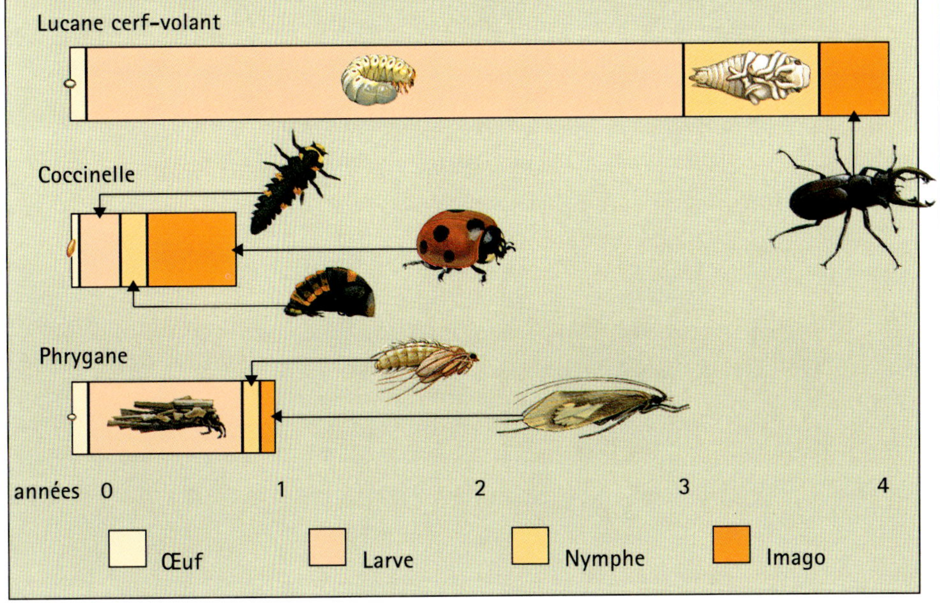

Pour en savoir plus, rendez-vous à la page 6 : *Une grande réussite.*

Le vol

Premiers animaux à voler, les insectes partagent aujourd'hui le ciel avec les oiseaux et les chauves-souris, mais restent la population volante la plus nombreuse du monde animal. Certains volent en solitaire. D'autres, tels les moucherons et les criquets, forment des essaims. Un essaim peut réunir de quelques dizaines à plus de un milliard d'insectes. Le vol permet d'échapper au danger, facilite la recherche d'un partenaire et offre un moyen idéal pour se nourrir. Les abeilles et les papillons volent parmi les fleurs, les sphinx voltigeant au-dessus d'eux. Les libellules volent pour attaquer les autres insectes dans les airs. Insectes volants les plus rapides, avec les taons, elles peuvent dépasser les 50 km/h. La plupart des insectes possèdent deux paires d'ailes, faites de la même substance que le reste de leur corps. Les ailes sont actionnées par des muscles du thorax. Soit ils font directement battre les ailes soit ils entraînent le mouvement en faisant bouger le thorax.

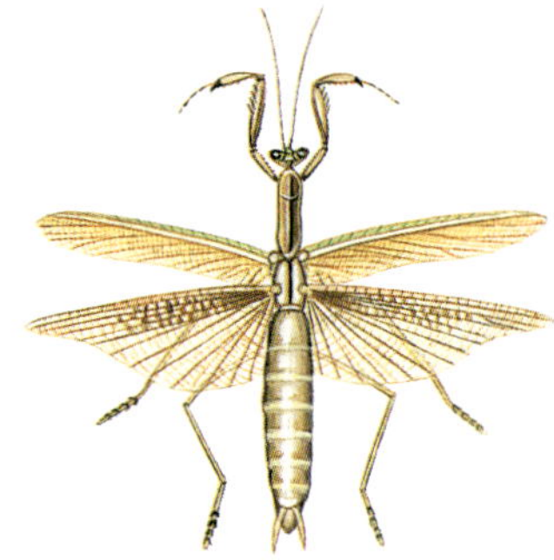

FORMES D'AILES
Chez la plupart des insectes, les ailes antérieures et postérieures sont différentes. Néanmoins, elles sont soutenues par des nervures et parfois couvertes de poils ou d'écailles minuscules.

Ailes postérieures plissées
Au repos, la mante replie ses ailes postérieures comme des éventails.

Le Saviez-Vous ?

Les insectes tels les thrips et les pucerons sont trop petits et trop lents pour avancer par eux-mêmes. Ils se laissent donc porter par le vent qui les pousse d'un endroit à l'autre sur de longues distances.

DÉCOLLAGE VERTICAL
Pour se reposer, les papillons rassemblent leurs ailes. Pour décoller et échapper au danger, ils les déploient et se laissent aspirer en l'air.

RAVITAILLEMENT
Voler permet de se déplacer rapidement mais nécessite beaucoup d'énergie. De nombreux insectes, dont les abeilles, boivent le nectar sucré des fleurs pour refaire le plein d'énergie.

Voyageurs au Long Cours

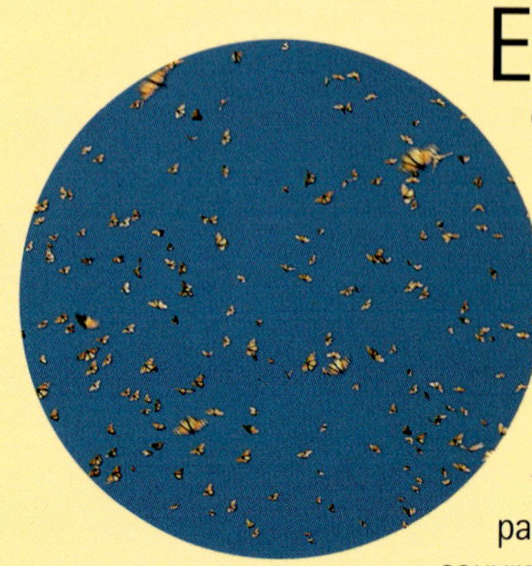

En dépit de leur petite taille, certains insectes parcourent de longues distances pour trouver de la nourriture ou de la chaleur. Les libellules, les criquets et les papillons de nuit migrent souvent, mais les globe-trotters du monde des insectes sont les papillons. Au printemps, le monarque d'Amérique du Nord (à gauche) quitte le Mexique pour le nord. Souvent, il parcourt plus de 2 400 kilomètres. Les belles-dames qui partent d'Afrique du Nord font souvent un plus long voyage. Celles qui parviennent à passer le cercle polaire arctique couvrent une distance de plus de 2 900 kilomètres.

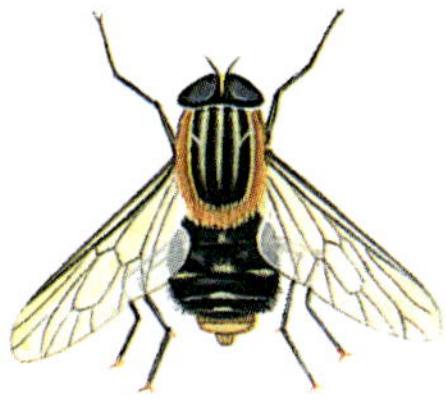

Paire d'ailes unique
À la place des ailes postérieures, les diptères possèdent de minuscules moignons appelés haltères.

Ailes duveteuses
Les thrips et les alucites disposent d'ailes semblables à de minuscules plumes.

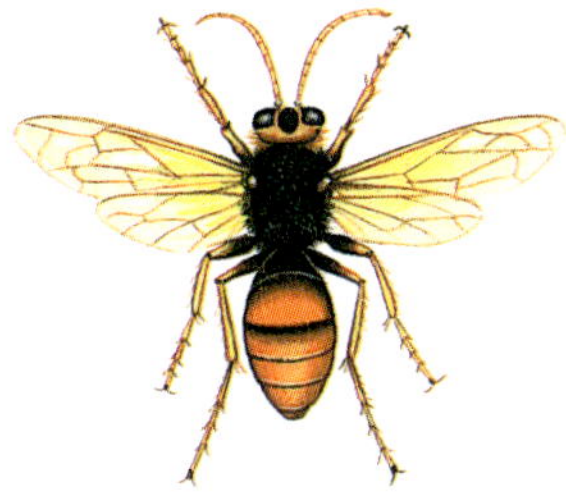

Ailes crochues
Les ailes antérieures et postérieures d'une guêpe sont reliées par de minuscules crochets.

Double paire d'ailes
Les ailes antérieures et postérieures d'une libellule battent dans des directions opposées.

DÉCOLLAGE ASSISTÉ

Les insectes qui ne volent pas très bien, tel ce panorpe, sautent en l'air à partir d'un point élevé, afin d'accroître leur portance au décollage.

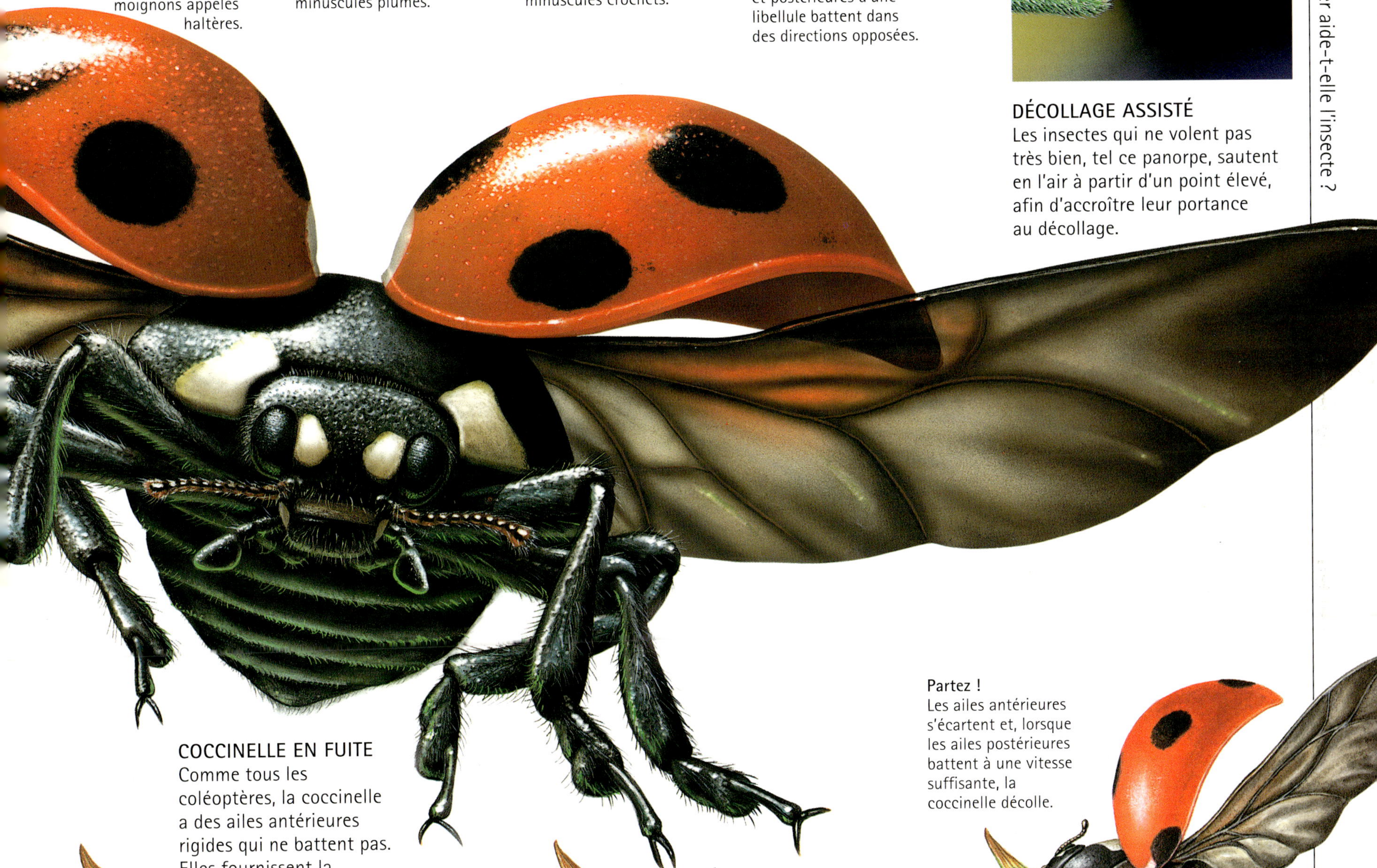

COCCINELLE EN FUITE

Comme tous les coléoptères, la coccinelle a des ailes antérieures rigides qui ne battent pas. Elles fournissent la portance qui lui permet de rester dans les airs.

À vos marques !
Les ailes postérieures de la coccinelle sont normalement rangées sous ses ailes antérieures rigides.

Prêt !
Avant de s'envoler, la coccinelle écarte ses ailes antérieures et déploie ses ailes postérieures.

Partez !
Les ailes antérieures s'écartent et, lorsque les ailes postérieures battent à une vitesse suffisante, la coccinelle décolle.

DÉMARCHE ONDULANTE
Certaines chenilles se déplacent en s'agrippant au sol à l'aide des pattes antérieures. Elles relèvent le corps en arceau, puis le projettent en avant et recommencent.

Le Saviez-Vous ?

Le pou de tête est presque impossible à déloger. Il s'accroche même lorsqu'on peigne ou lave les cheveux. Chaque patte se termine par une griffe qui se referme sur le cheveu. Le pou se déplace d'une tête à l'autre, pondant des œufs à chaque fois.

La locomotion

On craint souvent les insectes à cause de leurs mouvements brusques. Ils ne sont pas toujours rapides, mais leur faible poids leur permet souvent de s'arrêter et de repartir bien plus vite que nous. Leur démarche dépend de l'endroit où ils vivent. Au sol, les plus lents sont les larves sans pattes qui se tortillent pour avancer. En général, les insectes adultes se déplacent à l'aide de leurs pattes : ils marchent, courent ou sautent. Les champions du saut sont les sauterelles et les criquets, mais les puces, les cercopes et certains coléoptères sautent aussi. Au lieu d'utiliser leurs pattes, les collemboles, minuscules insectes sans ailes, sautent en prenant appui sur une sorte de queue. Pour la vie aquatique, les insectes ont développé diverses formes de pattes. Les corises et les dytiques sont équipés de sortes de rames tandis que les gerris, qui vivent en surface, disposent de longues pattes fines pour répartir leur poids au-dessus de l'eau.

COUP DE TÊTE
Le taupin échappe au danger en se tenant immobile, couché sur le dos (ci-dessus à gauche). S'il est attaqué, il redresse brusquement la tête, saute en l'air et retombe sur ses pattes.

MARCHE À TROIS TEMPS
Les insectes marchent en déplaçant trois pattes à la fois : une d'un côté et deux de l'autre. Ainsi, ils avancent en zigzaguant.

LE RAMEUR
Le corise se propulse dans l'eau à l'aide de ses pattes postérieures aplaties et bordées de cils. Cette espèce nage sur le ventre mais d'autres nagent sur le dos.

TÊTE À QUEUE

Lorsqu'elles quittent leur nid pour se nourrir, les chenilles de processionnaires se déplacent en file indienne. Si on les touche, leurs longs poils peuvent provoquer de l'urticaire.

MARCHE SUR L'EAU

L'eau est soumise à une tension qui forme une fine « peau » en surface. Les gerris sont assez légers pour marcher dessus sans passer à travers.

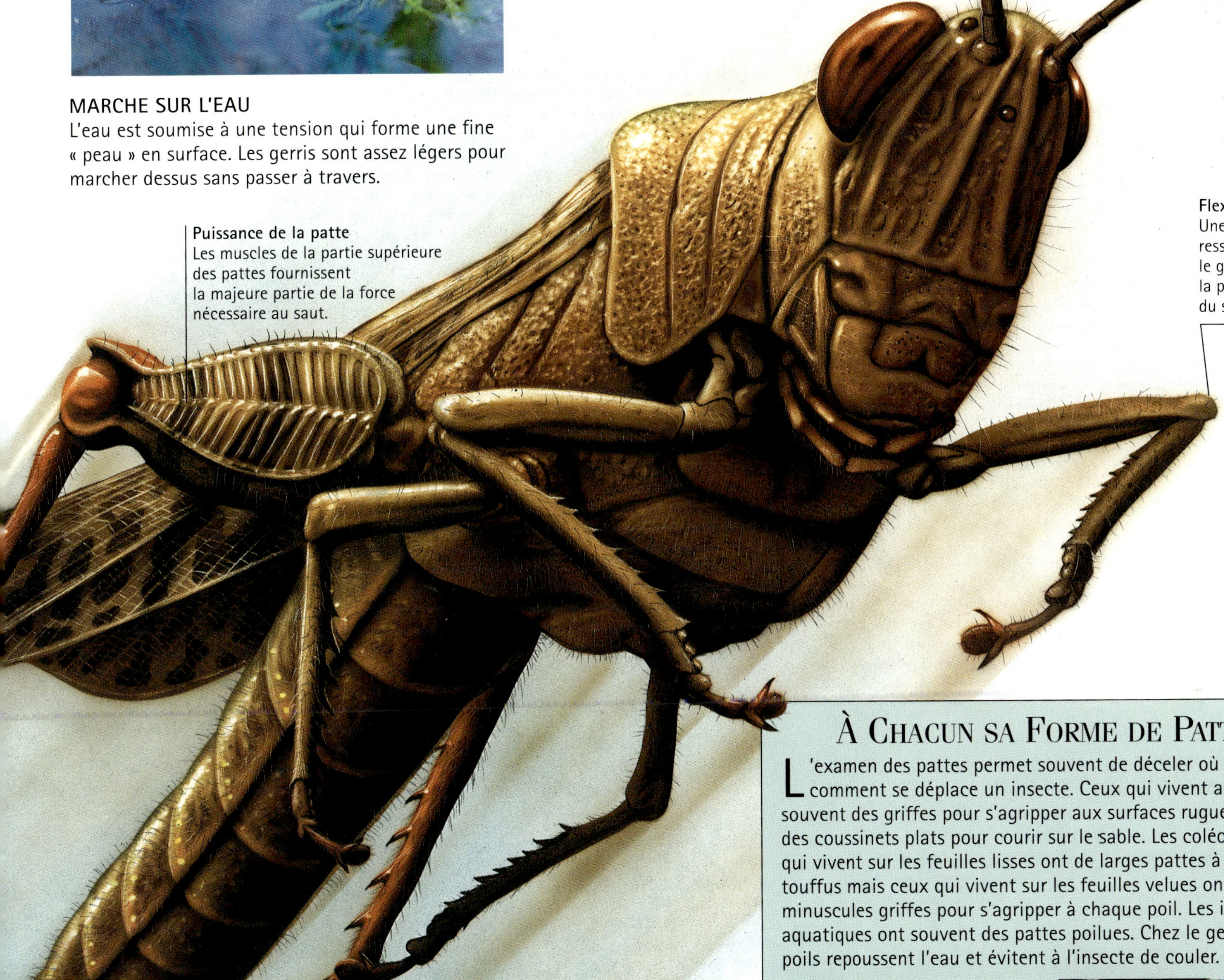

Puissance de la patte
Les muscles de la partie supérieure des pattes fournissent la majeure partie de la force nécessaire au saut.

Flexion du genou
Une sorte de ressort situé dans le genou accroît la puissance du saut.

QUEL TONUS !

Les sauterelles sautent pour échapper aux prédateurs ou pour s'envoler. Leurs puissantes pattes postérieures donnent l'impulsion qui les propulse en l'air.

À CHACUN SA FORME DE PATTE

L'examen des pattes permet souvent de déceler où vit et comment se déplace un insecte. Ceux qui vivent au sol ont souvent des griffes pour s'agripper aux surfaces rugueuses ou des coussinets plats pour courir sur le sable. Les coléoptères qui vivent sur les feuilles lisses ont de larges pattes à poils touffus mais ceux qui vivent sur les feuilles velues ont de minuscules griffes pour s'agripper à chaque poil. Les insectes aquatiques ont souvent des pattes poilues. Chez le gerris, ces poils repoussent l'eau et évitent à l'insecte de couler.

Insecte aquatique

Insecte terrestre

Pour en savoir plus, rendez-vous à la page 46 : *Les hémiptères.*

La communication

Dans la vie de tout insecte, il est parfois nécessaire d'entrer en contact avec les autres membres de son espèce : pour avertir d'un danger, attirer un partenaire ou prouver qu'il est ami et non ennemi. Les insectes communiquent souvent par la vue, s'identifiant à l'aide de couleurs vives ou de motifs. La nuit venue, la plupart sont difficiles à distinguer. Ce n'est pas le cas des vers luisants, qui émettent une lumière pour signaler leur présence. Les criquets, les cigales et autres insectes plus petits lancent des signaux sonores quand ils recherchent un partenaire. Lorsqu'ils se rencontrent, les insectes correspondent aussi par le toucher, le goût ou l'odorat. Certains insectes diffusent des odeurs qui peuvent se propager loin dans les airs. D'autres signalent leur passage en laissant des empreintes dans le sol.

Ver luisant mâle

UNE LUEUR DANS LA NUIT

Les vers luisants sont de petits coléoptères qui communiquent au moyen d'une lumière vert pâle. Le mâle clignote quand il survole la femelle qui, souvent dépourvue d'ailes, lui répond du sol.

Ver luisant femelle

La Danse de l'Abeille

Dès qu'une abeille ouvrière découvre une source de nourriture intéressante, elle retourne à la ruche pour annoncer la nouvelle à ses congénères. Pour leur indiquer la distance et l'emplacement de la source, elle effectue une danse qui dessine une sorte de huit. Si la source est éloignée de la ruche, elle zigzague au milieu du huit (voir ci-dessous). La vitesse de ce zigzag indique la distance jusqu'à la source. Son angle signale son emplacement par rapport au soleil.

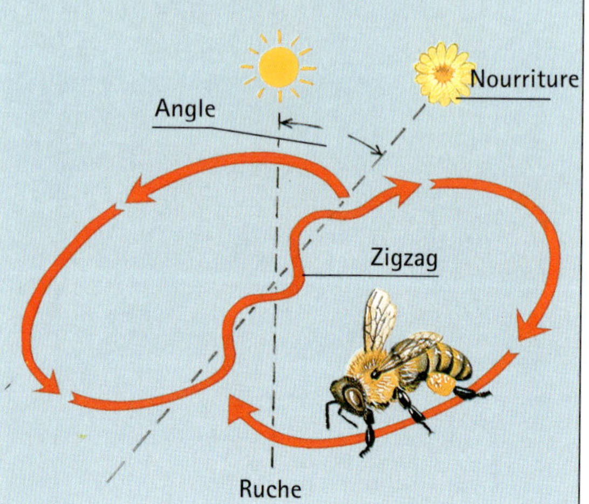

PAPILLON ODORANT

L'écaille martre mâle attire les femelles grâce à une sécrétion odorante appelée phéromone, libérée par deux glandes de son abdomen. Il les rentre lorsqu'il ne s'en sert pas.

SIGNAUX SONORES

La sauterelle lance des appels en frottant ses pattes postérieures contre les bords rigides de ses ailes antérieures. La vibration des ailes produit un son. C'est le processus de la stridulation.

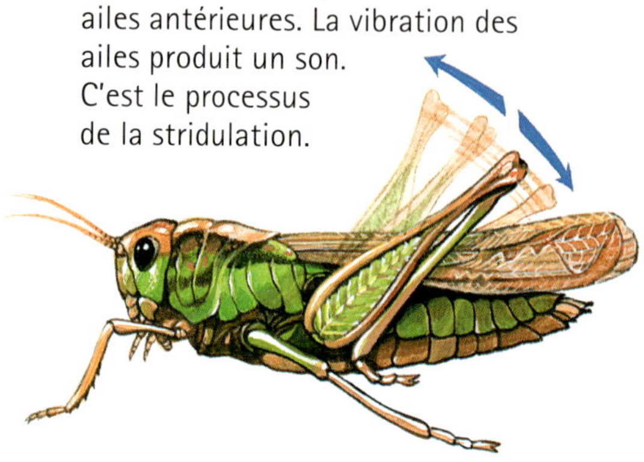

GOÛTER EN TOUCHANT

Lorsque deux fourmis se rencontrent, elles se touchent brièvement avec leurs antennes. Elles apprennent ainsi si elles appartiennent ou non au même nid, et se transmettent le goût de la nourriture qu'elles ont découverte.

Les nids et les abris

Quels sont les animaux qui bâtissent les demeures les plus élaborées ? Ni les mammifères ni les oiseaux, mais les insectes. Experts en la matière, ils érigent toutes sortes de structures. Certains travaillent seuls, construisant de simples abris pour eux-mêmes et leurs petits. D'autres, tels les termites, les fourmis, les abeilles et les guêpes, travaillent en groupe. Leurs nids peuvent abriter des milliers voire des millions d'individus. Ces insectes sociaux utilisent divers matériaux de construction : feuilles, plantes mortes, fibres de bois, boue et cire. Souvent, ils les mâchent pour obtenir une pâte, qu'ils étalent ensuite là où c'est nécessaire. Ces travaux monumentaux ne sont pas dirigés ; guidé par son instinct, chaque insecte sait ce qu'il doit faire.

HABILE POTIER
Avec de la boue, la femelle eumène confectionne un nid en forme d'amphore. Avant de le fermer, elle dépose à l'intérieur une chenille qu'elle a tuée et sur laquelle elle pond. À son éclosion, la larve mange la chenille.

AU CHAUD ET AU SEC
Les termites bâtissent des nids aussi bien sur le sol que dans les arbres. Ce nid est surmonté de toits pentus qui facilitent l'écoulement de la pluie.

Murs en dur
La boue durcit au soleil et crée des murs poreux et solides.

Étonnant mais Vrai

Les jeunes larves de cercopidés se nourrissent de la sève des plantes et se protègent souvent dans un amas mousseux. Cette écume les dissimule aux yeux des oiseaux ainsi que de nombreux autres insectes ennemis.

Les coléoptères

Il existe plus d'espèces de coléoptères au monde que de tout autre animal. Leur nombre est estimé à plus de 500 000 et on en découvre de nouvelles chaque année. Ils vivent dans tous les milieux et leur taille varie considérablement. Si le plus lourd est le goliath d'Afrique, le plus grand est le dynaste Hercule mâle d'Amérique centrale, qui dépasse parfois 19 cm de long. Le coléoptère le plus petit, aux ailes frangées de soie, n'est guère plus gros qu'une tête d'épingle. Malgré cette différence de taille, les coléoptères partagent un important trait commun : leurs élytres, ailes antérieures rigides, qui se referment sur les ailes postérieures. Cette cuirasse évite que les ailes postérieures ne s'abîment. Les coléoptères sont souvent végétariens mais certains chassent d'autres animaux. Quelques-uns fouillent parmi les débris végétaux en quête de cadavres d'animaux en putréfaction.

ÉTONNANTS COLÉOPTÈRES

Au fil de millions d'années d'évolution, certains coléoptères ont adopté d'étranges formes pour s'adapter à leur mode de vie. Si certaines s'expliquent facilement, d'autres demeurent un mystère.

Le charançon girafe
Son thorax fuselé et sa tête allongée l'aident sans doute à se nourrir.

Le scarabée tortue
Ses ailes antérieures arrondies et son thorax plat le font ressembler à une pièce de monnaie.

Le capricorne
Comme son cousin l'arlequin de Cayenne, il possède de longues « cornes » qui sont en fait des antennes.

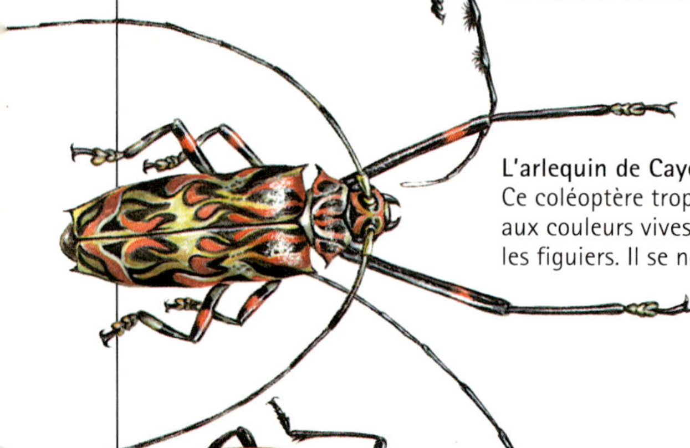

L'arlequin de Cayenne
Ce coléoptère tropical aux couleurs vives vit dans les figuiers. Il se nourrit la nuit.

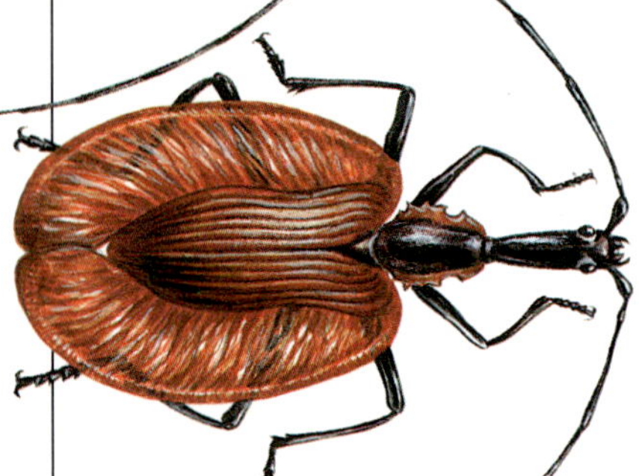

L'insecte-violon
Son abdomen est flanqué de deux volets transparents. Il vit parmi les champignons polypores.

Le charançon
Végétarien, il possède un long rostre terminé par des mâchoires.

ENTRELACS DE CORNES

Les dynastes Hercule mâles se servent de leurs « bois » pour attaquer leurs rivaux. En dépit de leur apparente férocité, ces combats entraînent rarement des blessures durables ; en général, le vaincu s'enfuit.

PAS DIFFICILES
Souvent, les coléoptères végétariens mangent à la fois les feuilles et les graines des plantes, ou le pollen et le nectar des fleurs.

Le Saviez-Vous ?

Le taupe-grillon mâle attire sa femelle en émettant le cri le plus fort de tous les insectes. Il frotte ses ailes antérieures l'une contre l'autre, et son terrier en forme de Y amplifie le son. Dans le silence, on peut l'entendre à plus de 800 mètres.

À L'INTÉRIEUR D'UNE TERMITIÈRE

Les macrotermes, termites géants de la savane africaine, construisent des nids pouvant atteindre plus de 6 m de haut. Ils ramassent des matières végétales sur lesquelles poussent des champignons qu'ils mangent ensuite.

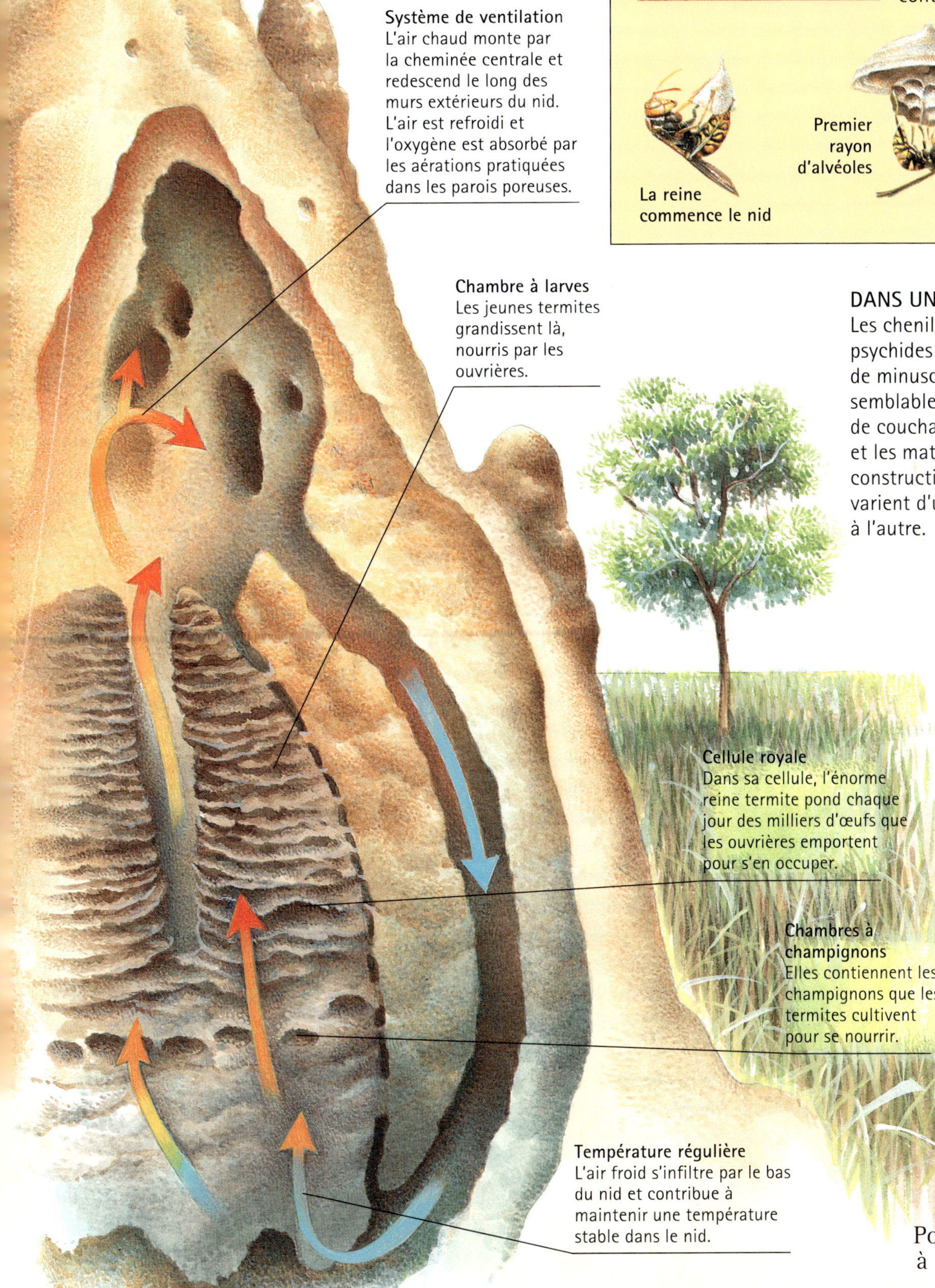

Le Nid de la Guêpe Commune

Il est entrepris par la reine. Avec une pâte de fibres de bois mâchées, elle bâtit une coupelle suspendue. À l'intérieur, elle crée une première rangée d'alvéoles dans lesquelles elle pond. Ensuite, elle ajoute plusieurs couches de cette pâte à papier autour des cellules pour maintenir les œufs au chaud. Ces œufs produisent des ouvrières qui agrandissent le nid. Elles détruisent les anciennes parois pour ajouter de nouveaux rayons. Une fois terminé, le nid (à gauche) peut contenir plus de 10 000 alvéoles.

DANS UN CUL-DE-SAC

Les chenilles de psychides vivent dans de minuscules étuis semblables à des sacs de couchage. La forme et les matériaux de construction du sac varient d'une espèce à l'autre.

NIDS DE FEUILLES

Les œcophylles fond leur nid en réunissant des feuilles qu'elles collent grâce au fluide sécrété par les larves qu'elles tiennent dans leur bouche.

Pour en savoir plus, rendez-vous à la page 42 : *Les hyménoptères*.

Étonnant mais Vrai

Certaines larves de coléoptères se nourrissent de bois et mettent des années à se développer. Dans une maison en Angleterre, un coléoptère est sorti d'un escalier 47 ans après la coupe du bois utilisé pour sa construction.

QUE LE MEILLEUR GAGNE

La femelle du dynaste Hercule n'a pas de cornes. Ici, elle attend la fin du combat entre les deux mâles. Le vainqueur aura le droit de s'accoupler avec elle.

Un Labyrinthe sous l'Écorce

Les scolytes se développent sous l'écorce des arbres où le bois regorge de sève nourrissante. La femelle creuse une galerie parallèle à la surface le long de laquelle elle pond ses œufs. À leur éclosion, les larves forent en perpendiculaire, formant un dessin typique qui varie d'une espèce à l'autre. Ces galeries apparaissent clairement lorsque l'arbre meurt et que son écorce tombe.

Coccinelle à cinq points

Coccinelle à dix points

AVERTISSEMENT VISUEL

Les couleurs vives des coccinelles préviennent leurs ennemis qu'elles ont mauvais goût. Les points de chaque espèce sont disposés dans un ordre différent.

Pour en savoir plus, rendez-vous à la page 18 : *Les insectes et les plantes*.

DES RONDS DANS L'EAU
Les gyrins vivent à la surface des étangs et des cours d'eau. Pour évaluer l'orientation de leur nourriture et éviter les obstacles, ils font des ronds dans l'eau, dont ils perçoivent les remous.

PARTIE DE CACHE-CACHE
Certains coléoptères se camouflent pour ne pas être vus. Ces insectes de Madagascar se confondent avec le lichen qui pousse sur cette brindille.

• LES GRANDS ORDRES •

Les lépidoptères

Si les papillons de jour sont les membres les plus colorés du monde des insectes, les papillons de nuit sont souvent ternes. Malgré leur différence de coloration, ces insectes étroitement liés partagent de nombreux traits communs. Les lépidoptères commencent leur vie à l'état de chenilles. Ils se transforment durant la période de repos dite de chrysalide (à gauche) et émergent, au stade adulte, les ailes couvertes de minuscules écailles. Contrairement à la chenille, le lépidoptère adulte se nourrit de nectar ou de fruits pourris. Il aspire cette nourriture liquide à l'aide d'une trompe qui s'enroule au repos. Il existe plus de 150 000 espèces de lépidoptères. Si les plus grands présentent une envergure de plus de 25 cm, les plus petits, les papillons de nuit pygmés, ne dépassent guère la taille d'un ongle.

ÉCAILLES COLORÉES
Les écailles des ailes d'un papillon se chevauchent telles les tuiles d'un toit. Les reflets de la lumière sur leur texture soyeuse produisent de vives couleurs.

BIEN CACHÉ
La plupart des papillons de nuit se camouflent dans la journée pour se protéger. Ce papillon de Bornéo se confond avec l'écorce de l'arbre.

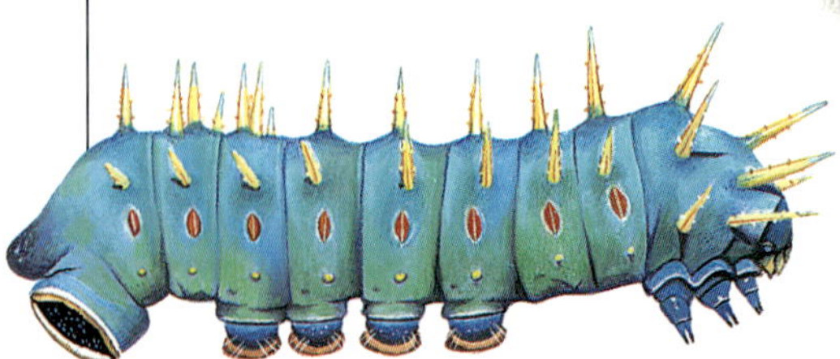

Chenille de dynaste Hercule

Chenille du papillon des vergers

Chenille de bombyx du mûrier

KIT DE SURVIE
Les chenilles ont de nombreux ennemis. Pour se défendre, elles se servent de sécrétions toxiques, de poils irritants et de « cornes » gonflables qui dégagent une odeur désagréable.

Vol de Nuit

Les insectes nocturnes sont souvent attirés par la lumière vive. La nuit tombée, ils volettent autour des réverbères et se rassemblent près des fenêtres. Dans le cas des papillons de nuit, on a émis l'hypothèse que la lumière perturbe leur système de navigation. Ces papillons se déplacent sans doute en ligne droite par rapport à une lumière distante, telle la lune, qui représente un point fixe sur une boussole. Lorsqu'ils se repèrent à une lumière proche, le système ne fonctionne pas car la position du point « fixe » change dès que les insectes le dépassent. Ils se retrouvent donc à tourner autour et finissent par foncer dessus.

DOUBLE QUEUE
Le machaon doit son surnom de porte-queue à la longue « queue » qui termine chacune de ses ailes postérieures. Ces grands papillons ont un vol rapide et puissant.

Papillon de Malaisie

REPOS
En général, les papillons se reposent les ailes à la verticale mais ils les étendent parfois pour se dorer au soleil. Les papillons de nuit se reposent souvent les ailes à plat.

Saturnie jaune

PAPILLON DIURNE OU NOCTURNE ?
Les antennes des papillons de nuit n'ont pas les extrémités renflées comme celles des papillons diurnes. Ce sphinx crépusculaire présente des antennes plumeuses.

ÉTONNANT MAIS VRAI

Des saturniidés d'Asie du Sud-Est se nourrissent des larmes d'animaux comme les bovins et les buffles. Posés près de l'œil, ils aspirent les larmes à l'aide de leur longue trompe. Même s'ils sont gênants, ils sont inoffensifs.

Pour en savoir plus, rendez-vous à la page 26 : *La transformation.*

Les hyménoptères

La plupart des insectes vivent seuls, se réunissant uniquement pour s'accoupler. Mais les insectes sociaux, dont les fourmis, les termites et beaucoup d'espèces de guêpes et d'abeilles, mènent une vie très différente. Rassemblés par groupes familiaux, ils partagent le travail nécessaire à leur survie. Ils bâtissent des nids pour élever leurs petits et stocker la nourriture. Certains nids renferment moins d'une dizaine d'individus mais d'autres peuvent en abriter plus de un million. À l'intérieur, un seul insecte – la reine – pond, tous les autres sont ses descendants. Les ouvrières s'occupent des œufs, trouvent la nourriture et élèvent les petits. Dans les colonies de fourmis et de termites, des soldats défendent en outre le nid contre les attaques. Chaque année, quelques mâles et reines s'envolent pour s'accoupler. Après l'accouplement, le mâle meurt et la reine entreprend la construction d'un nouveau nid. Très vite, elle crée sa propre famille.

DOULOUREUSE PIQÛRE
Cette guêpe peut piquer plusieurs fois tandis que l'abeille meurt dès qu'elle a piqué. Son dard muni de barbes se fixe dans la plaie et entraîne souvent avec lui des organes vitaux de l'abeille.

ABEILLE SOLITAIRE
Toutes les abeilles ne vivent pas en société. Elles sont souvent solitaires, comme cette abeille de la famille des scoliidés qui creuse pour rejoindre son nid souterrain.

CHARGE DÉMESURÉE
Les fourmis-parasols coupent des morceaux de feuilles pour les transporter. Au lieu de les manger, elles se nourrissent des champignons qui les décomposent.

Le Saviez-Vous ?

Les bourdons terrestres survivent jusque dans la toundra polaire où les étés sont brefs et frais. Leur corps est couvert d'une couche de poils isolants et ils isolent leur nid pour tenir les larves au chaud.

Réserves de pollen

Faux bourdon
C'est une abeille mâle qui se développe à partir d'un œuf non fécondé. Sa seule fonction consiste à s'accoupler avec les nouvelles reines.

Alvéole vide

Cellule de faux bourdon
Les nymphes de faux bourbon nécessitent des alvéoles plus grandes que celles des ouvrières.

Cellule royale
Les larves sélectionnées pour devenir reines sont uniquement nourries à la gelée royale et élevées dans des alvéoles spéciales.

Alvéole de larve ouverte
Elle renferme une larve qui vient d'éclore. Les larves sont d'abord nourries à la gelée royale puis au pollen et au miel.

UNE RUCHE EN PLEINE ACTIVITÉ
Les abeilles recueillent le nectar et le pollen des fleurs puis rentrent à leur nid. Dans les alvéoles de cire, elles élèvent les petits et stockent le pollen et le miel.

L'ASSURANCE DU NOMBRE
Les fourmis légionnaires d'Amérique du Sud avancent en masse sur le sol de la forêt, s'attaquant au moindre petit animal qu'elles rencontrent.

Des Stocks Vivants

Les fourmis à miel vivent dans des milieux arides, où les fleurs ne fleurissent que quelques semaines par an. Pour surmonter la longue saison sèche, certaines ouvrières recueillent le nectar sucré, dont elles nourrissent leurs compagnes demeurées sous terre. En se remplissant, l'abdomen de ces dernières gonfle comme un ballon. Ces provisions suffiront à fournir à boire et à manger au reste du nid pendant la sécheresse, jusqu'au retour des pluies et de la prochaine floraison.

Quel avantage la vie en société présente-t-elle pour les insectes ?

Les diptères

QUESTION DE TAILLE
Les diopsis mâles évaluent la taille de leur rival avec leurs yeux portés par des pédoncules. Le plus large gagne le droit de s'accoupler avec les femelles.

Ce sont les aviateurs du monde insecte. Contrairement à presque tous les autres insectes volants, ils ne possèdent qu'une paire d'ailes, ce qui leur confère vitesse et agilité dans les airs. Ils disposent par ailleurs d'une excellente vue et d'une paire de balanciers, appelés altères, pour maintenir leur équilibre en vol. En tout, il en existe 85 000 espèces connues. Cet ordre comprend aussi bien les mouches qui rentrent parfois dans les maisons, que les moucherons, les moustiques, les syrphes aux couleurs vives et bien d'autres insectes qui bourdonnent bruyamment dans les airs. Ils se nourrissent presque tous de liquides, mais le font de différentes manières. Certains aspirent les sucs des fleurs, des fruits et des débris pourris. D'autres s'installent sur la peau pour aspirer le sang à l'aide de leur appareil buccal piqueur-suceur. Les diptères sont d'abord des larves apodes qui vivent souvent dans la nourriture en décomposition.

PETIT ET GROS
La drosophile (à gauche) ovipare se développe dans les fruits pourrissants. En face, la mouche de la viande, vivipare, vit dans la viande en décomposition.

JEU D'ÉQUILIBRE
Les diptères sont dotés de balanciers appelés haltères. Ce sont les vestiges modifiés d'ailes postérieures. Lorsqu'une tipule atterrit, on distingue très bien ses haltères.

La Tête en Bas

Comment une mouche domestique atterrit-elle au plafond ? Grâce à la photographie à obturation ultra-rapide, les scientifiques ont découvert qu'elle pose d'abord les pattes antérieures. Au moment d'atterrir, elle vole à l'endroit, mais lève les pattes antérieures au-dessus du corps. Ses coussinets sécrètent un fluide adhésif tandis que les griffes s'agrippent au plafond. Ses quatre autres pattes se posent et voilà la mouche solidement accrochée. Bien trop rapide pour l'œil humain, cette manœuvre compliquée ne dure qu'une fraction de seconde.

PETITS VAMPIRES
La mouche tsé-tsé africaine se nourrit de sang de mammifères, humains compris. Comme d'autres diptères suceurs de sang, elle répand ainsi des maladies.

COUR AÉRIENNE
Les syrphidés peuvent voler en avant, en arrière et sur le côté. Ils font partie des quelques insectes capables de voleter sur de longues périodes. Ici, un mâle courtise une femelle en volant au-dessus d'elle.

LA PONTE
En quelques secondes, une mouche bleue femelle dépose un petit tas d'œufs sur des détritus pourrissants. Ils donneront des larves aveugles et apodes appelés asticots.

TOUJOURS PLUS HAUT
Comme leurs proches cousins les moustiques, les moucherons naissent dans les mares et les flaques d'eau. Ces tout jeunes adultes vont bientôt s'envoler.

Étonnant mais Vrai

Avant l'accouplement, les empididés mâles offrent à leur partenaire un insecte savoureux enveloppé dans de la soie. Ce cadeau, en occupant la femelle, réduit les risques qu'elle l'attaque. Certains trichent : en ouvrant la soie, la femelle découvre qu'il n'y a rien à l'intérieur !

Comment les diptères maintiennent-ils leur équilibre lorsqu'ils volent vite ?

Pour en savoir plus, rendez-vous à la page 10 : *Gros plan.*

Les homoptères

Cet ordre regroupe les insectes dotés d'un appareil buccal piqueur-suceur. Il en existe environ 90 000 espèces dont la plupart sont terrestres ; néanmoins, certaines des plus grosses et des plus féroces peuplent les lacs et les étangs. Les homoptères ont un régime très varié. Certains, notamment ceux qui vivent dans l'eau, attaquent d'autres animaux. Après les avoir piqués, ils sucent leurs fluides vitaux. D'autres, les pucerons, les cochenilles et les cigales se nourrissent de la sève sucrée des plantes. Née dans un œuf, la nymphe de l'hémiptère présente une forme semblable à celle de ses parents. Elle mue jusqu'à six fois avant de devenir imago et change souvent de couleur durant ce processus. Adultes, ces punaises australiennes (ci-dessus) sont orange vif alors que les nymphes sont orange et bleu acier.

PROIE ODORANTE
En cas de danger, les pentatomes émettent une sécrétion malodorante par des glandes situées près de leurs pattes postérieures. Beaucoup, tel ce spécimen de Bornéo, arborent de vives couleurs pour dissuader les oiseaux.

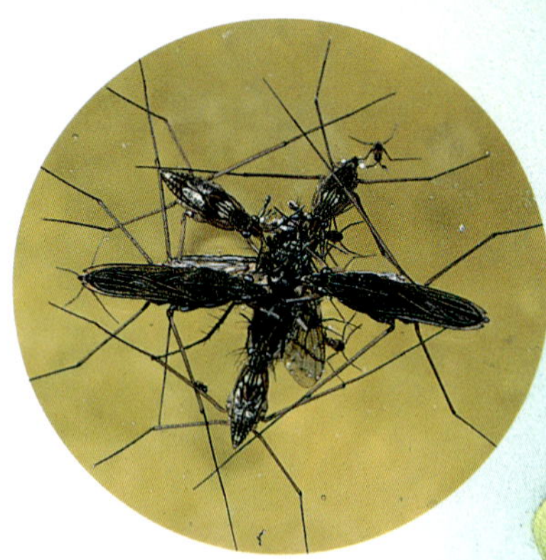

MARCHER SUR L'EAU
Les gerris, dotés de longues pattes, vivent à la surface de l'eau. Ici, ils dévorent à plusieurs un insecte mort.

SOMNAMBULES
Les punaises des lits se nourrissent de sang humain. Actives la nuit, elles se cachent le jour dans la literie et les vêtements. Avec les insecticides modernes, elles tendent à disparaître.

ATTAQUE PAR SURPRISE
La notonecte nage sur le dos, sous l'eau, en ramant avec ses longues pattes postérieures. Elle bondit sur les insectes qui tombent dans l'eau et les pique.

APPAREIL BUCCAL PIQUEUR

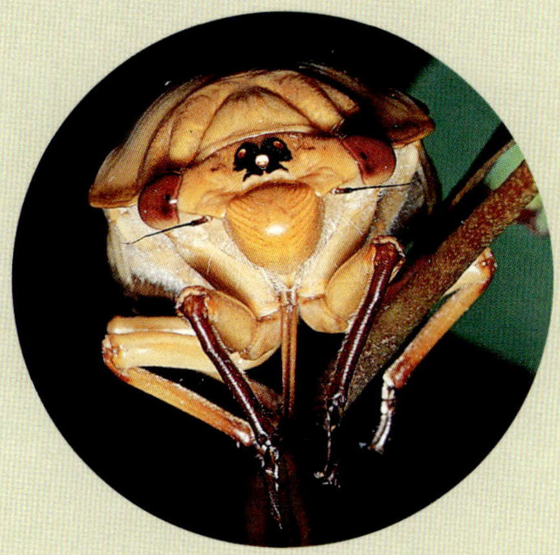

L'appareil buccal d'un homoptère forme un rostre. Cet organe renferme un tube central flanqué de deux stylets pointus. À l'intérieur du tube, deux canaux permettent le passage de la nourriture liquide. Pour se nourrir, l'insecte pique l'animal ou la plante avec ses stylets puis introduit le tube dans la blessure. Tandis qu'il pompe la salive dans l'un des canaux, il aspire le liquide dans l'autre. La cigale ci-dessus suce la sève d'une plante. Chez certains, le rostre se replie contre le corps.

ÉLEVAGE
Lorsqu'ils mangent, les pucerons sécrètent du miellat. Les fourmis, qui se nourrissent de ce liquide sucré, en échange, les protègent de leur ennemis.

ÉPINES VIVANTES
En raison de leur forme, ces membracidés de Floride déguisés en épines seront difficiles à manger.

Pour en savoir plus, rendez-vous à la page 14 : *L'alimentation*.

L'impact des insectes

Les insectes sont à la fois utiles et nuisibles à l'homme. Sans le travail incessant des abeilles et bourdons, par exemple, de nombreuses fleurs ne connaîtraient pas la pollinisation et nos cultures ne seraient pas productives. Sans les abeilles mellifères, le miel n'existerait pas et sans les insectes prédateurs, les animaux nuisibles seraient bien plus nombreux. Cependant, les chenilles, les homoptères et les coléoptères attaquent nos cultures et, dans certaines régions du monde, des essaims de criquets (comme le specimen illustré ci-dessus) s'abattent parfois sur les champs, qu'ils rasent en moins d'une heure. Les charançons se glissent dans les silos à grain, les coléoptères et les termites creusent le bois des maisons et des meubles et certains insectes attaquent les animaux de ferme. D'autres piquent l'homme, mais les plus dangereux sont de loin ceux qui transmettent les maladies. Les mouches et les blattes répandent les germes en se posant sur la nourriture, les moustiques, les mouches et les puces en nous suçant le sang.

NUISANCE NOCTURNE
Les blattes se nourrissent la nuit, aussi bien de pain que de cirage. Très sensibles aux vibrations, elles disparaissent dès qu'elles se sentent menacées.

VISITE OPPORTUNE
La croissance des fruits et des légumes que nous mangeons commence après la pollinisation effectuée par les insectes. Certains producteurs de fruits élèvent des abeilles pour assurer la pollinisation des vergers.

AMATEUR DE POMME DE TERRE
Le joli doryphore, qui vient d'Amérique du Nord, se nourrissait à l'origine de plantes sauvages. Désormais présent dans de nombreux pays, il s'attaque aux pommes de terre.

RÉGIME DE LAINE
Les chenilles des mites vivent souvent dans de minuscules sacs de soie et se nourrissent de laine. Parfois, elles laissent de petits trous dans les vêtements et les couvertures en laine.

ÉQUIPE DE DÉMOLITION
Œuvrant dans le noir, les termites mangent le bois de l'intérieur. Les dégâts demeurent souvent invisibles jusqu'à ce que le bois s'effondre.

FLÉAU MORTEL
En piquant les rats puis les hommes, les puces peuvent transmettre les germes de la peste bubonique. Au XIVe siècle, des millions de personnes ont succombé aux épidémies de cette maladie.

L'Histoire du Bousier

Cet insecte coprophage aide particulièrement l'homme. Il élimine les excréments (bouse) des animaux en en nourrissant ses larves. Lorsque les premiers colons d'Australie importèrent du bétail, les excréments s'entassèrent et l'herbe cessa de pousser. En effet, les bousiers australiens ne connaissaient que les excréments des animaux locaux. Pour résoudre le problème, il fallut importer des bousiers d'Afrique, habitués aux bovins sauvages. En quelques années, ils éliminèrent l'excès de bouses.

Le Saviez-Vous ?

La plus grave maladie transmise par les insectes est le paludisme. Les moustiques le portent dans leurs glandes salivaires. Depuis l'âge de la pierre, il est responsable de la moitié des décès humains. Aujourd'hui, il tue entre 2 et 4 millions de personnes par an.

NOMADES VORACES
Cet essaim de criquets affamés sera catastrophique pour les cultures des fermiers africains. Normalement, les criquets vivent en solitaires mais ils forment des essaims pour se déplacer.

Présentation

Avec leur corps velu et leurs longues pattes, les araignées suscitent à la fois la peur et la fascination. Hormis leurs pattes articulées et leur carapace qui les en rapprochent, elles se distinguent totalement des insectes. Elles font partie des arachnides, groupe d'animaux réunissant les scorpions, les mites et les tiques. Leur corps se divise en deux parties séparées par une taille fine et elles possèdent huit pattes au lieu de six. Dénuées d'antennes et d'ailes, elles disposent de nombreux yeux et de puissantes mâchoires capables de morsures venimeuses. Toutes les araignées sont des prédateurs. Certaines mangent des grenouilles, des lézards et même de petits oiseaux mais la plupart se nourrissent d'insectes. À l'aide de son venin, l'araignée paralyse sa proie, puis lui injecte des sucs digestifs pour dissoudre ses tissus. Ensuite, elle l'aspire lentement. Environ 35 000 espèces d'araignées ont été identifiées. Leur habitat varie : forêts, prairies, grottes, eau douce et maisons.

ÉNORMES CROCHETS
Orientés vers le bas, ces crochets immobilisent la proie au sol. D'autres araignées possèdent des crochets qui se croisent lorsqu'elles mordent.

La patte
Chacune des huit pattes de l'araignée est attachée au céphalothorax.

À L'AFFÛT
La plupart des araignées ont une mauvaise vue. Elles perçoivent le mouvement de leur proie grâce aux poils qui couvrent leur corps et leurs pattes. Cette salticide jouit cependant d'une bonne vue.

La Mue des Araignées

Pour grandir, l'araignée doit régulièrement muer, autrement dit perdre son enveloppe externe rigide, la cuticule. Juste avant le début de la mue, elle se suspend la tête en bas et s'assure à l'aide d'un fil de soie. La cuticule s'ouvre de chaque côté de son céphalothorax et de son abdomen, et commence à tomber. Pendant ce temps, l'araignée sort ses pattes, comme on retire des gants. Une fois libéré, son corps suspendu au fil grossit.

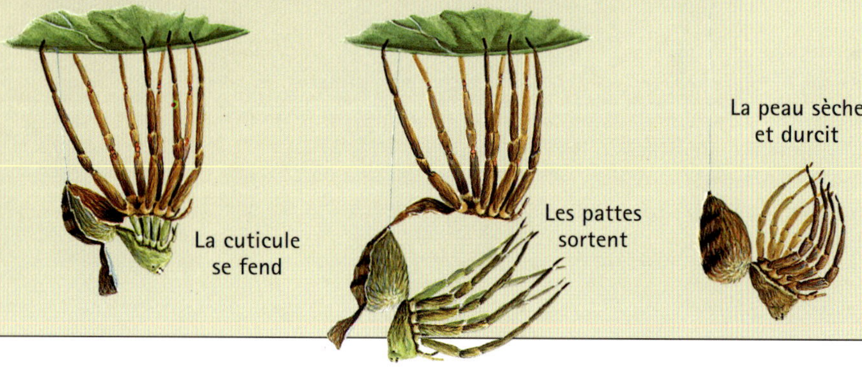

TUEUSE D'OISEAUX
La plus grosse araignée du monde est la mygale d'Amérique du Sud. Cette mangeuse d'oiseaux peut atteindre 28 cm de large.

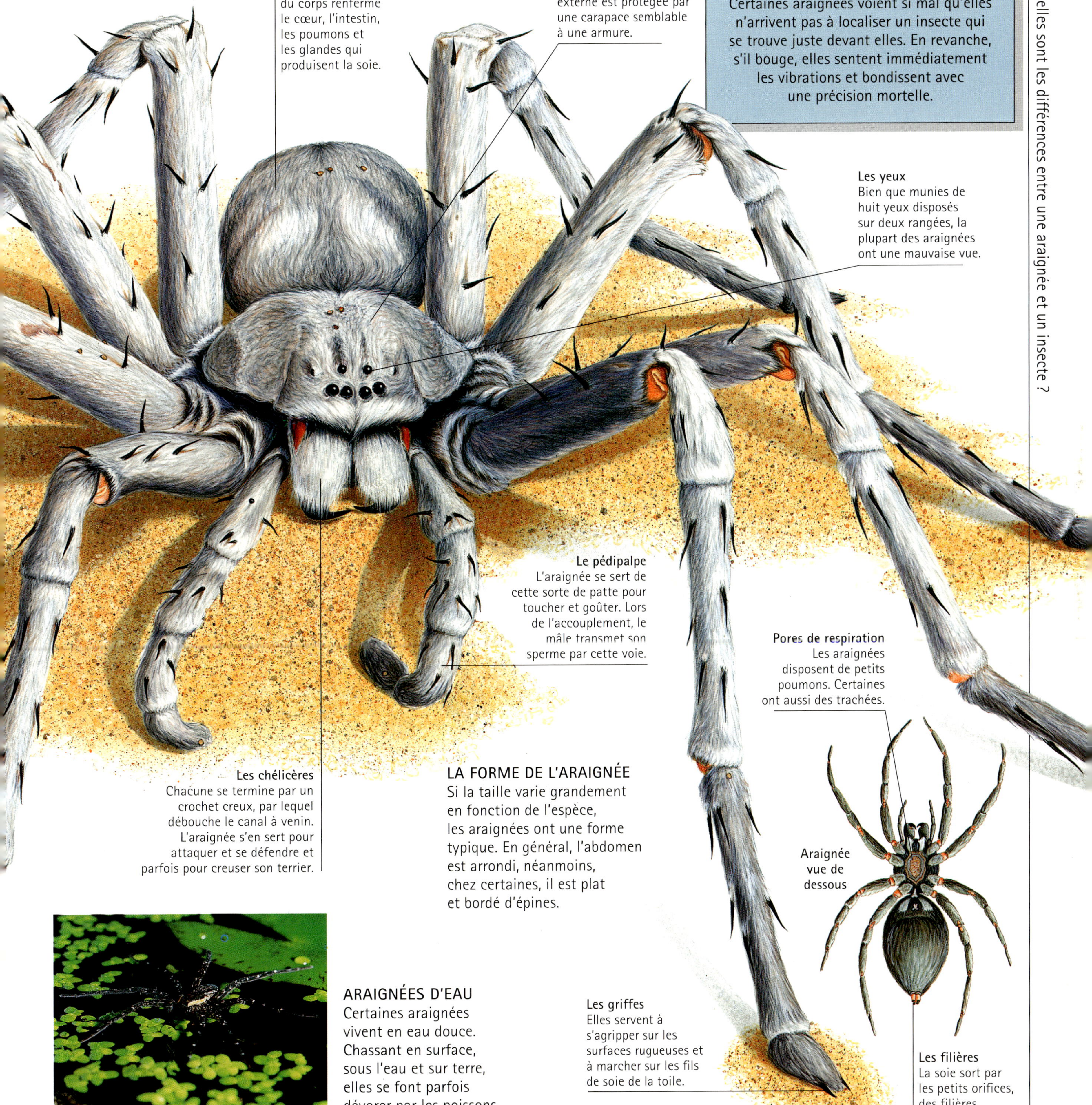

Le Saviez-Vous ?

Certaines araignées voient si mal qu'elles n'arrivent pas à localiser un insecte qui se trouve juste devant elles. En revanche, s'il bouge, elles sentent immédiatement les vibrations et bondissent avec une précision mortelle.

Quelles sont les différences entre une araignée et un insecte ?

LA FORME DE L'ARAIGNÉE
Si la taille varie grandement en fonction de l'espèce, les araignées ont une forme typique. En général, l'abdomen est arrondi, néanmoins, chez certaines, il est plat et bordé d'épines.

ARAIGNÉES D'EAU
Certaines araignées vivent en eau douce. Chassant en surface, sous l'eau et sur terre, elles se font parfois dévorer par les poissons.

Les fileuses

La soie est une étonnante substance générée par toutes les araignées ainsi que par certains insectes. Liquide à l'origine, elle est transformée en fils élastiques parfois plus solides que le Nylon. Les araignées produisent différentes sortes de soies à l'aide de glandes spéciales situées dans leur abdomen. Ces glandes sont reliées à des appendices appelés filières. Lorsque la soie liquide émerge des filières, l'araignée l'étire avec ses griffes, ce qui la durcit. Pour beaucoup d'espèces, la soie sert avant tout à confectionner la toile. La forme de la toile et le temps qu'il faut pour la réaliser varient d'une espèce à l'autre. Une fois la toile terminée, l'araignée épie en général ses proies, soit sur la toile, soit suffisamment près pour la toucher de ses pattes. À la moindre vibration, l'animal bondit pour voir de quoi il s'agit. Si ce qu'elle trouve est comestible, l'araignée enveloppe la victime de fils gluants avant de porter la morsure fatale.

PETIT PAQUET COMESTIBLE
Cette araignée orbitèle a attrapé une coccinelle. Pour s'assurer que ses victimes ne s'échappent pas, elle les emmaillote dans de la soie, ce qui empêche aussi les insectes de contre-attaquer.

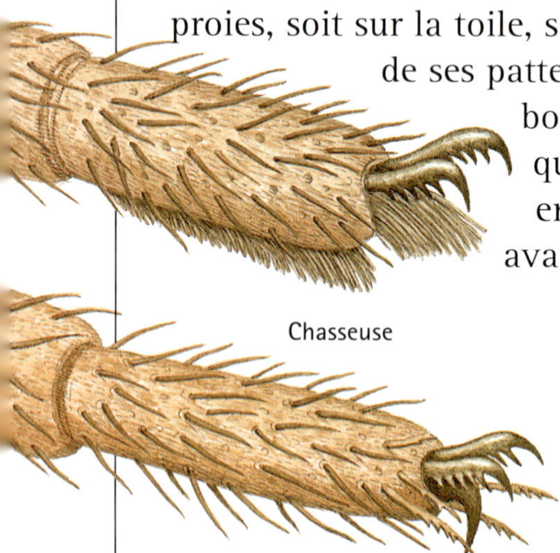

Chasseuse

Tisserande

PATTES DIFFÉRENTES
Les pattes des araignées qui chassent leurs proies se terminent en général par deux griffes tandis que celles des araignées qui piègent leurs victimes dans leur toile en ont trois. La griffe centrale s'accroche à la toile.

TOILES COMMUNES
Dans les régions chaudes du monde, certaines araignées coopèrent pour attraper leurs proies. Cette toile géante de Papouasie-Nouvelle-Guinée, tissée par une multitude d'araignées, mesure plusieurs mètres de long.

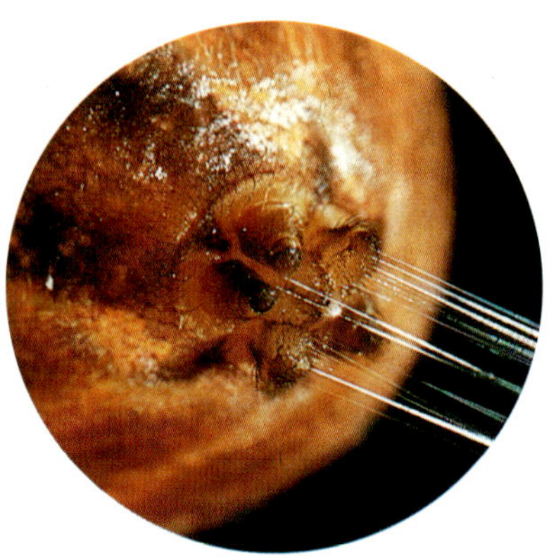

FILAGE DE LA SOIE
La plupart des araignées possèdent trois à quatre filières. Ici, plusieurs filièrcs fonctionnent pendant que l'araignée tisse sa toile.

Autres usages de la soie

Outre le tissage de la toile et l'emmaillotage des proies, la soie a de nombreux usages. Les petits s'en servent souvent pour s'aider à quitter le nid et la plupart des araignées l'utilisent pour dévider un fil transporteur derrière elles pendant leurs déplacements. Celui-ci leur permet de descendre et de remonter dans les airs. La soie permet aussi aux araignées de protéger leurs œufs et, comme ici, de se construire des abris. Cette salticide a réuni deux feuilles pour s'abriter temporairement.

PIÈGE PORTATIF
Cette araignée se suspend la tête en bas et tisse sa toile entre ses pattes. Si un insecte passe dessous, elle étire et abaisse la toile pour le recueillir.

DES PIÈGES SUR MESURE

Les toiles d'araignée varient de la structure la plus précise au simple enchevêtrement de fils. La plupart des araignées réparent soigneusement leur toile au moindre dégât.

Toile en nappe
Les araignées à toiles en nappe tissent un labyrinthe de toiles pour piéger leurs proies.

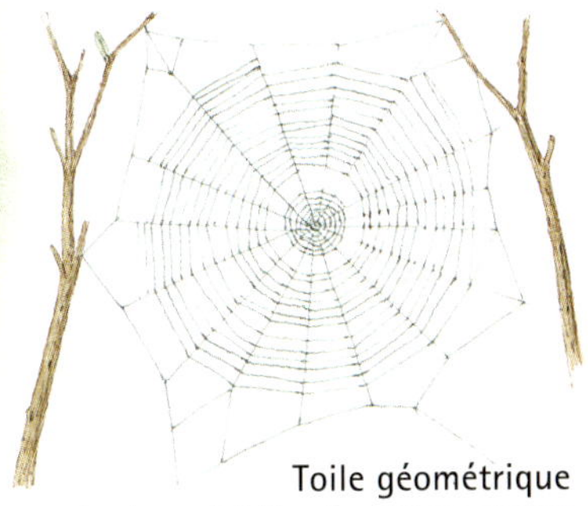

Toile géométrique
Les araignées orbitèles tissent au centre de leur toile une spirale de soie couverte de gouttelettes gluantes.

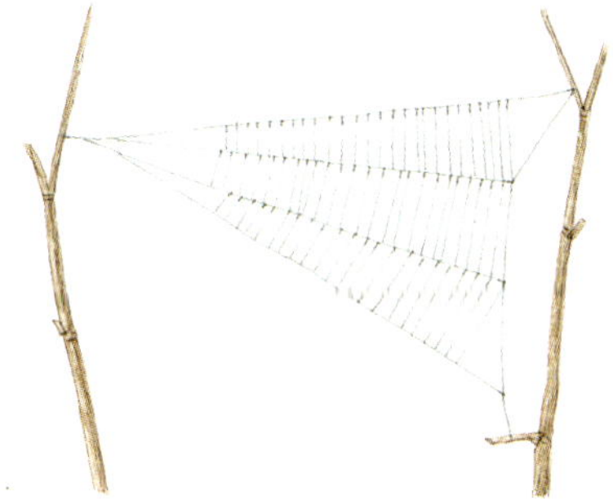

Toile en triangle
L'araignée tend sa toile puis la relâche pour empêtrer sa proie.

TOILE EN ENTONNOIR
Les agélénidés tissent leur toile contre les rochers et les plantes et attendent à l'entrée que les insectes tombent dans l'entonnoir.

Pourquoi certaines araignées emmaillotent-elles leurs victimes dans de la soie ?

Les chasseuses

Toutes les araignées ne capturent pas leur proie dans une toile. Beaucoup utilisent d'autres pièges, d'autres patrouillent et bondissent sur leurs proies. Celles qui piègent leur victime, comme les araignées-crabes, se camouflent pour mieux la surprendre. De nombreuses espèces construisent des tubes de soie ou des tunnels munis de portes secrètes. Lorsqu'un insecte se promène à proximité, la mygale pique sa victime à travers le tube, puis découpe une ouverture pour s'en saisir et rebouche le trou. Les araignées qui cherchent leur nourriture chassent soit de jour, soit de nuit. Les diurnes les plus actives sont les salticides, dotées de gros yeux très développés qui les aident à mieux voir leur proie. À la tombée du jour, elles cèdent la place à des araignées plus grosses et plus effrayantes, tels les dysdéridés. Ceux-ci chassent non pas à la vue mais au toucher.

BIEN CACHÉES
Camouflée parmi les fleurs, l'araignée-crabe guette immobile, les pattes antérieures bien ouvertes. Dès que son repas s'approche, telle cette abeille, elle frappe instantanément.

PIÈGE MORTEL
Cette mygale a ouvert sa porte en grand, révélant son terrier. Certaines portes sont minces et légères, d'autres contiennent de la terre en plus de la soie et se referment sous leur propre poids.

UNE PROIE FUYANTE
La dolomède chasse sur l'eau en surveillant les vibrations créées par sa proie. Avec ses crochets, elle tire le poisson jusqu'à la rive.

ÉTONNANT MAIS VRAI

Au crépuscule, cette araignée fait tournoyer un fil terminé par une goutte de soie liquide. Les papillons de nuit mâles attirés par un composant chimique de la soie se font engluer. L'araignée hisse ensuite sa proie.

D'UN BOND
Cette séquence montre une araignée salticide bondissant dans les airs avec son fil transporteur. Cette chasseuse peut sauter quatre fois la longueur de son corps.

La Chasse Sous-Marine

L'argyronète d'eau vit dans un habitat inhabituel. Elle tisse une poche de soie (ci-dessous) pour stocker l'air, puis elle s'installe à l'intérieur pour guetter sa proie. Dès qu'un petit animal s'approche, elle bondit hors de la poche, attaque et rapporte la victime pour la manger. Les argyronètes capturent aussi les animaux tombés à la surface de l'eau ou ceux qui vivent au fond des étangs. C'est en détectant les vibrations dans l'eau qu'elles trouvent presque toutes leurs proies.

TRAQUE NOCTURNE
Cette mygale cabrée n'a pas peur d'une souris. Elle mange aussi les lézards, les petits oiseaux et même de jeunes serpents.

Pour en savoir plus, rendez-vous à la page 16 : *Les prédateurs et les parasites.*

ARAIGNÉE INVISIBLE
Cette araignée australienne est posée en travers d'une brindille. Sa couleur grisâtre et son abdomen protubérant lui donnent l'apparence d'une aspérité sur l'écorce.

IMPOSTEUR
Les animaux évitent souvent les fourmis car elles peuvent mordre et piquer. À y regarder de plus près, cette « fourmi » tropicale possède huit pattes. C'est une araignée !

PROTECTION DES ŒUFS
Cette araignée (au centre) camoufle ses cocons en les déguisant en proies enveloppées. L'ennemi s'intéresse moins aux restes de cadavres qu'aux œufs vivants.

ÉTONNANT MAIS VRAI

Les prédateurs ne s'intéressent pas aux fientes d'oiseaux. Les araignées qui imitent la fiente jouissent donc d'un camouflage efficace. En général, elles se posent sur des feuilles et leur corps brillant leur donne l'air mouillé.

Modes de défense

Si les araignées font d'excellents chasseurs, elles n'en sont pas moins les proies d'autres animaux : oiseaux, lézards, grenouilles, mille-pattes ou guêpes. Ces dernières paralysent leur victime en la piquant puis la donnent encore vivante à manger à leurs petits. Pour tromper l'ennemi, les araignées ont recours à toutes sortes de tactiques. Beaucoup se fondent dans leur environnement, d'autres imitent ce qui ne se mange pas ou se cachent dans un terrier fermé par une trappe, qu'elles tiennent bien fermée si un ennemi tente d'entrer. En cas d'échec, l'occupante du terrier bat en retraite dans une chambre secrète masquée par une autre porte. Elle reste là jusqu'à ce que le danger soit passé. Malgré ces stratégies de défense, les araignées sont souvent tuées. Dans la lutte pour la survie de leur espèce, leur meilleur atout reste le grand nombre d'œufs qu'elles pondent.

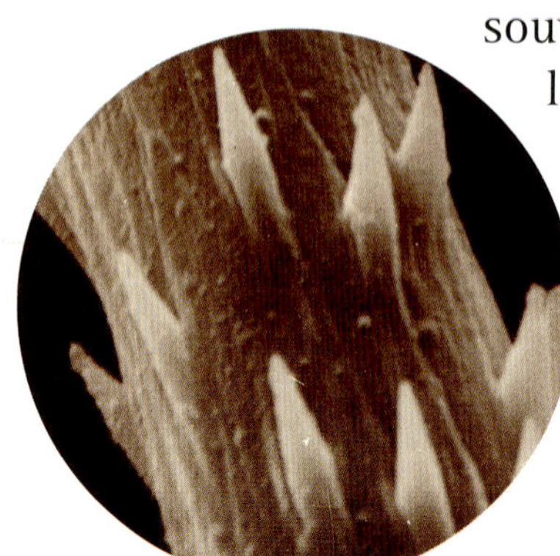

UNE DOUCHE DÉSAGRÉABLE
Les poils de la tarentule sont bardés d'épines pointues microscopiques qui piquent et brûlent la peau. En cas de danger, la tarentule racle les poils de son abdomen pour en arroser son ennemi.

USINE À ŒUFS
L'épeire diadème peut pondre plus de 500 œufs. Vivant en plein air, c'est une proie facile, c'est pourquoi seul un petit nombre de nouveau-nés survivent jusqu'à l'âge adulte.

PLAN B
Si une guêpe découvre son terrier, cette mygale d'Amérique du Nord ferme le tunnel avec son abdomen tanné. Il la protégera contre les piqûres et la guêpe aura du mal à l'extirper.

Réponse Venimeuse

Normalement, les araignées se servent de leur venin pour paralyser leur proie, mais c'est aussi une arme efficace contre les prédateurs. Toutes possèdent du venin, mais il ne leur est pas toujours facile de l'injecter. Sur 35 000 espèces connues, seules 500 environ peuvent faire pénétrer leur poison dans la peau de l'homme. Après la morsure, l'effet peut être rapide mais rarement mortel. Cette araignée agélénidée australienne (ci-dessous) est l'une des rares araignées mortelles pour l'homme.

Pour en savoir plus, rendez-vous à la page 20 : *Les moyens de défense.*

Renaissance

Pour se reproduire, les araignées mâle et femelle doivent se réunir pour s'accoupler. Pour un mâle, ce moment peut être dangereux car il doit éviter de se faire attaquer par la femelle. Après l'accouplement, le mâle a terminé son travail. Les soins maternels varient selon les espèces. Toutes les femelles enveloppent néanmoins leurs œufs dans une poche de soie appelée cocon qu'elles cachent dans un endroit sûr ou transportent avec elles lorsqu'elles chassent. Les jeunes araignées ressemblent à des versions miniatures de leurs parents. Elles sortent du cocon peu après leur éclosion et se dispersent, ou, comme les lycoses, restent quelques jours sur le dos de leur mère. Quelques femelles nourrissent leurs petits, mais ils finissent tous par chasser eux-mêmes. Dès lors, chacun vit pour soi.

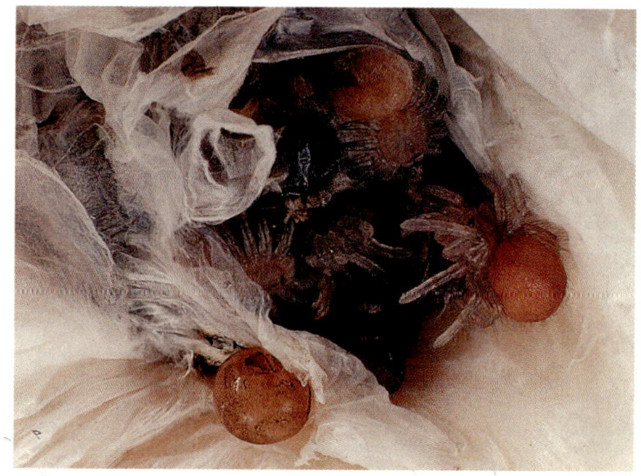

PREMIÈRE SORTIE
Les araignées pondent entre cent et mille œufs en une fois, dans un ou plusieurs cocons. Au bout de quelques semaines, les jeunes araignées déchirent la soie pour sortir.

TRANSPORT COLLECTIF
Le cocon de l'araignée-loup femelle est fixé à ses filières. Souvent, elle le réchauffe au soleil (à gauche). Après leur éclosion, les petits grimpent sur son abdomen.

LONGUE VIE
Sous l'œil de leur mère, les jeunes mygales explorent le monde extérieur. Les mygales tropicales sont les araignées qui vivent le plus longtemps.

La Parade Nuptiale

La plupart des araignées vivent en solitaire et n'aiment pas qu'on les approche. Cela pose un problème aux mâles qui risquent de se faire attaquer lorsqu'ils courtisent les femelles. Ils évitent cela à l'aide de signaux. Chez les espèces dotées d'une bonne vue, le mâle effectue une sorte de danse avec ses pattes antérieures ou ses pédipalpes. Chez les tisseuses de toiles, qui voient mal, le mâle (à gauche) a recours à une autre méthode. Il pose un fil de cour en direction de la toile et produit dessus des vibrations.

INÉGALITÉ DES SEXES
Les araignées mâles sont souvent beaucoup plus petits que leur femelle. Ici, un mâle hésite à avancer vers sa gigantesque partenaire, peut-être affamée.

COUVERTURE DE SÉCURITÉ

Les araignées pisaures cachent leur cocon sous une épaisse couverture de soie, une toile pouponnière, afin de les protéger des prédateurs et des parasites.

SAUT À L'ÉLASTIQUE

Pour quitter le nid, la plupart des espèces d'araignées se lancent du haut des plantes (à gauche) en se suspendant à un fil de soie, qui les emporte au gré du vent.

Comment la plupart des araignées quittent-elles le nid ?

ÉTONNANT MAIS VRAI

Beaucoup d'araignées femelles meurent après avoir pondu leurs œufs. Pour certains petits, le corps de leur mère constitue leur premier repas. Ils mangent ses restes avant de partir eux-mêmes en chasse.

Ordres des Insectes et des Araignées

FAUSSE RELIGIEUSE
Avec ses pattes antérieures « ravisseuses » repliées, cette mante prête à frapper semble prier. Elle appartient à l'ordre des mantoptères.

DEUX AILES
Comme toutes les espèces de l'ordre des diptères, la mouche verte ne possède qu'une paire d'ailes. C'est une mouche rapide et bruyante.

Afin de montrer leurs liens au fil de l'évolution, les scientifiques classent les créatures vivantes par groupes. Les plus importants sont les règnes, les plus petits, les espèces. Entre les deux s'échelonnent les classes, les ordres, les sous-ordres, les familles et les genres. Chaque espèce réunit des individus qui se reproduisent ensemble et possède un nom scientifique composé de deux mots. Aujourd'hui, plus de 2 millions d'espèces vivantes sont identifiées et nommées. Parmi elles, on compte seulement 45 000 vertébrés (à colonne vertébrale) contre plus de 1 million d'arthropodes, notamment les insectes et les araignées. Les chiffres indiqués ci-après résultent d'estimations récentes, néanmoins il en reste certainement de nombreux autres à découvrir.

INSECTES
Classe : Insectes

Principaux ordres des insectes	Signification du nom	Population estimée	Exemples
Coléoptères	ailes rigides	500 000	hannetons, scarabées, vers luisants, coccinelles, charançons
Lépidoptères	ailes à écailles	150 000	papillons de jour et de nuit
Hyménoptères	ailes à membranes	130 000	fourmis, abeilles, guêpes
Diptères	deux ailes	120 000	mouches, syrphidés, moucherons, moustiques
Homoptères	demi-ailes	82 000	pucerons, punaises, cigales, gerris, corises, notonectes, scorpions
Orthoptères	ailes droites	20 500	criquets, sauterelles, locustes
Trichoptères	ailes velues	10 000	phryganes
Collemboles	pattes gluantes	6 000	puce des glaciers
Odonates	mouches dentées	5 500	demoiselles, libellules
Planipennes	ailes nervurées	5 000	fourmilions, chrysopes
Thysanoptères	ailes frangées	5 000	thrips
Blattoptères	insectes évitant la lumière	3 700	blattes
Psocoptères	ailes crénelées	3 200	poux des livres, poux des bois
Phthiraptères	ailes de pou	3 000	poux de tête
Chélentoptères	fantomatique	2 500	phasmes, phyllies
Siphonaptères	tube sans ailes	2 400	puces
Isoptères	ailes égales	2 300	termites
Éphéméroptères	vivant un seul jour	2 100	éphémères
Plécoptères	ailes tressées	2 000	perles
Dermaptères	ailes tannées	1 800	perce-oreilles
Mantoptères	en prière	1 800	mantes religieuses
Mécoptères	longues ailes	400	panorpes
Zygentomes	queue hérissée	370	poissons d'argent

DE HAUT EN BAS
Ces énormes crochets qui s'abattent sur leur proie appartiennent à une araignée mygalomorphe, membre du sous-ordre des orthognathes.

SUR LE CÔTÉ
Ces crochets croisés appartiennent à une araignée du sous-ordre des labidognathes. Ce vaste groupe réunit la grande majorité des araignées du monde.

ARAIGNÉES
Classe : arachnides

Ordre
Aranéides

Sous-ordre	Traits distinctifs	Nombre de familles	Nombre d'espèces estimé	Exemple et nom de la famille
Labidognathes (aranéomorphes)	Crochets croisés et fixés sous la tête.	90	32 000	salticides (salticidés) araignées à toiles en nappe (linyphiidés) araignées orbitèles (argiopidés) araignées-loups (lycosidés) araignées-crabes (thomisidés) araignées à toiles en entonnoir (agélénidés)
Orthognathes (mygalomorphes)	Crochets parallèles à l'axe du corps.	15	3 000	mygales (théraphosidés)
Mésothèles (araignées primitives, segmentées)	Abdomen en plusieurs segments, comme celui des insectes.	1	24	araignées segmentées (liphistiidés)

AILES RIGIDES
Ce scarabée appartient à l'ordre des coléoptères, le plus important. Lorsqu'il se déplace sur le sol, ses ailes postérieures sont protégées par des ailes antérieures rigides, les élytres.

AILES ÉCAILLEUSES
Cet ornithoptère appartient à l'ordre des lépidoptères. Ses ailes et son corps sont couverts d'innombrables écailles minuscules aux couleurs vives.

AILES DROITES
Les grillons appartiennent à l'ordre des orthoptères. Comme les sauterelles, ils possèdent des ailes droites. La paire antérieure est souvent rigide et tannée.

Glossaire

Épeire diadème

Ver luisant femelle

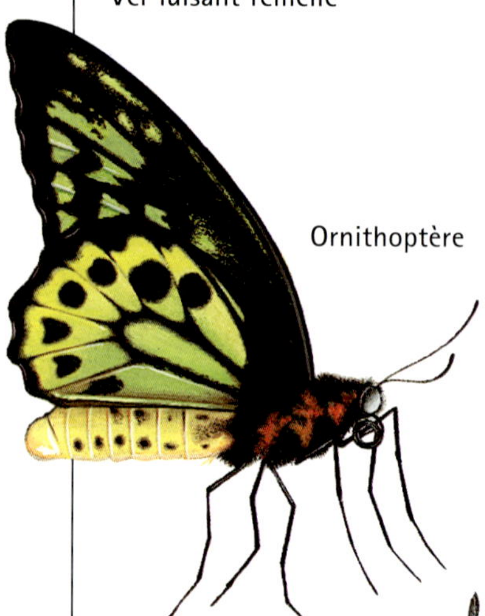

Ornithoptère

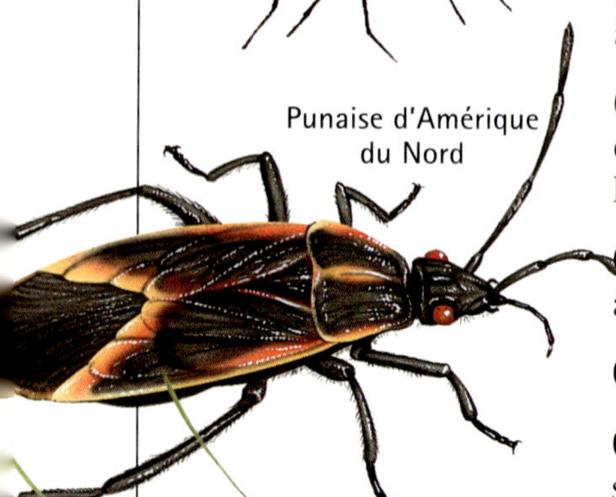

Punaise d'Amérique du Nord

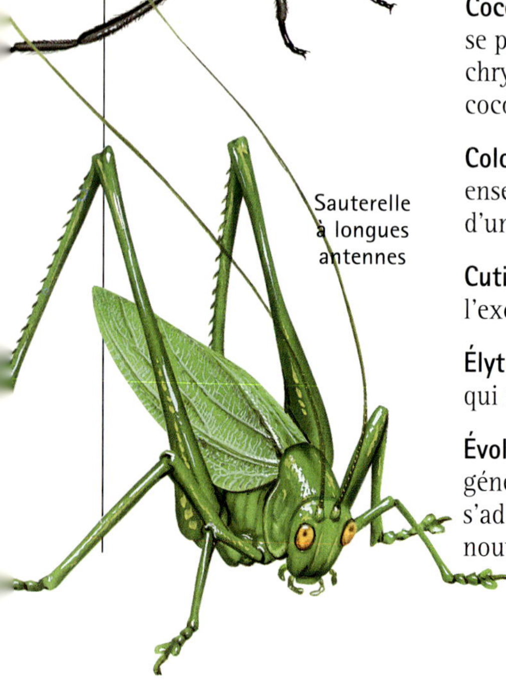

Sauterelle à longues antennes

Abdomen Partie du corps d'un animal qui renferme l'appareil digestif et les organes de reproduction. Chez les insectes et les araignées, l'abdomen compose l'arrière du corps.

Adaptation Changement qui intervient dans le comportement ou le corps d'un animal pour lui permettre de survivre et de se reproduire dans de nouvelles conditions.

Antenne Organe sensoriel filiforme situé sur la tête d'un animal qui lui sert à percevoir son environnement.

Aquatique Qui vit tout le temps ou la majeure partie du temps dans l'eau.

Arachnide Arthropode doté de quatre paires de pattes. Les arachnides forment la classe des arachnéidés qui réunit les araignées, les scorpions, les mites et les tiques.

Arthropode Animal doté de pattes articulées et d'un épais exosquelette. Réunissant les insectes, les araignées, les crustacés et les mille-pattes, les arthropodes forment le groupe animal le plus nombreux de la planète.

Asticot Larve d'insecte.

Branchies Organes qui recueillent l'oxygène dans l'eau. Les animaux aquatiques sont souvent dotés de branchies, notamment les poissons et certains insectes.

Camouflage Couleurs et motifs permettant à un animal de se fondre dans son environnement et d'échapper ainsi à ses prédateurs ou de tendre une embuscade à ses proies.

Céphalothorax Chez les araignées, autres arachnides et crustacés, région du corps associant la tête et le thorax. Il est couvert d'une épaisse carapace.

Chitine Substance rigide qui donne sa robustesse à l'exosquelette.

Chrysalide Stade nymphal chez les lépidoptères.

Cocon Écrin de protection en soie. De nombreux insectes se protègent dans des cocons lorsqu'ils sont nymphes ou chrysalides. Les araignées femelles tissent souvent un cocon pour protéger leurs œufs.

Colonie Groupe d'animaux étroitement liés qui vivent ensemble. De nombreuses colonies d'insectes se composent d'une famille d'individus issus d'une même reine.

Cuticule Enveloppe du corps des insectes qui forme l'exosquelette rigide.

Élytre Aile rigide antérieure modifiée de certains insectes qui recouvre les ailes postérieures et les protège.

Évolution Transformation progressive, sur plusieurs générations, des espèces végétales ou animales qui s'adaptent à de nouvelles conditions de vie ou de nouveaux environnements.

Exosquelette Épais squelette externe, ou cuticule, qui protège le corps d'un animal. Tous les arthropodes sont protégés de cette manière.

Faux bourdon Abeille domestique mâle. Les faux bourdons s'accouplent avec les jeunes reines, mais, contrairement aux ouvrières, ils n'aident ni à la recherche de nourriture ni à l'entretien de la ruche.

Fil transporteur Fil de soie que les araignées dévident derrière elles lors de leurs déplacements.

Filière Organe utilisé par les araignées pour produire la soie. Les filières sont situées près de l'extrémité de l'abdomen.

Ganglion Élément de la chaîne de ganglions, qui constitue le système nerveux. Chaque ganglion peut commander des mouvements de façon autonome.

Habitat Endroit où vit un animal ou une plante. De nombreuses espèces d'insectes vivent dans un même environnement, mais chacune se développe dans un habitat différent au sein de cet environnement.

Haltère Aile postérieure modifiée des diptères, leur servant de balancier en vol.

Hiberner Rester totalement inactif pendant les mois froids d'hiver. Les insectes hibernent à l'état d'œufs, de larves, de nymphes ou de chrysalides et d'adultes.

Imago Forme définitive de l'insecte adulte.

Invertébré Animal qui ne possède pas de colonne vertébrale. Certains invertébrés ont un corps souple tandis que d'autres, notamment les insectes, sont protégés par une carapace.

Larvaire (stade) Stade de développement d'un insecte. À chaque mue, les larves d'insectes à métamorphose incomplète ressemblent de plus en plus à l'imago. Celles des insectes à métamorphose complète ont une morphologie très différente des imagos.

Métamorphose Ensemble des transformations que subissent certains animaux au cours de leur développement. Elle peut être complète ou incomplète.

Métamorphose complète Processus de développement durant lequel le jeune insecte change de forme au cours de changements brusques. L'œuf devient une larve, puis, une nymphe ou une chrysalide, avant de devenir un imago. Les coléoptères subissent une métamorphose complète.

Métamorphose incomplète Processus de développement par lequel le jeune insecte grandit au cours de mues successives, ressemblant de plus en plus à l'imago.

Migration Voyage saisonnier vers un climat plus clément. Certains insectes volants migrent vers des climats chauds à des centaines de kilomètres pour s'accoupler et pondre leurs œufs. Ils meurent parfois sur place mais leur progéniture retourne souvent à leur lieu d'origine.

Mue Perte de la couche externe du corps. Les insectes muent en perdant leur cuticule, tandis que les oiseaux perdent leurs plumes.

Nymphe Chez les insectes à métamorphose complète, larve au dernier stade de développement, qui produira un imago après des transformations importantes. Les nymphes des lépidoptère sont des chrysalides, celles des diptères sont des pupes.

Ocelle Œil simple possédant une seule lentille. Les insectes disposent de trois ocelles sur le sommet de la tête.

Œil composé Œil divisé en de multiples facettes comprenant chacune sa propre lentille. La plupart des insectes et des crustacés sont dotés d'yeux composés mais pas les araignées.

Ommatidie Élément d'un œil composé chez l'insecte adulte. L'ommatidie perçoit la luminosité dans l'environnement de l'animal.

Ordre Groupe important défini par les biologistes pour classer les créatures vivantes. Un ordre est divisé en groupes moins importants, s'échelonnant du sous-ordre à l'espèce en passant par la famille et le genre.

Ouvrière Insecte social chargé de nourrir et de s'occuper des petits de la colonie mais qui, en général, ne peut pas se reproduire.

Ovipare Qualifie une espèce dont la femelle pond des œufs dont l'éclosion aura lieu à l'extérieur de son corps.

Ovipositeur Organe tubulaire par lequel les insectes femelles pondent leurs œufs. Le dard des abeilles et des guêpes sont des ovipositeurs modifiés.

Palpe ou pédipalpe Paire de petits organes semblables à des pattes situés sur la tête des insectes, des araignées et autres arthropodes, servant à toucher ou à manipuler la nourriture. Chez les araignées, les pédipalpes servent aussi à l'accouplement.

Parade Série de mouvements effectués par les animaux pour communiquer avec leur espèce ou avec d'autres animaux. La parade indique souvent que l'animal est prêt à attaquer ou à s'accoupler.

Phéromone Substance chimique sécrétée par un animal ayant un effet sur le comportement des autres animaux. De nombreux insectes s'en servent pour attirer leurs partenaires ou signaler un danger.

Pollen Substance poudreuse produite par les fleurs mâles ou les organes mâles des fleurs et servant à la reproduction.

Portance Force qui soulève les animaux volants et les aide à se maintenir dans les airs. Elle est générée par la pression exercée par l'air sur les ailes.

Prédateur Animal vivant essentiellement en tuant et en mangeant d'autres animaux.

Pupe Nymphe des insectes diptères qui se transforme à l'intérieur du puparium.

Reine Insecte femelle qui donne naissance à une colonie d'insectes sociaux. Normalement, la reine est le seul membre de la colonie à pondre des œufs.

Sang chaud (à) Qui conserve une température interne constante quelle que soit celle du milieu extérieur. Les oiseaux et les mammifères sont des animaux à sang chaud.

Sang froid (à) Dont la température interne varie en fonction du milieu. Tous les arthropodes, y compris les insectes et les araignées, sont des animaux à sang froid.

Social (insecte) Insecte qui vit en société, au sein d'une grande famille.

Soie Petit poil raide produit par la cuticule des insectes et autres arthropodes. Aussi, substance résistante mais élastique produite par de nombreux insectes et araignées. La soie demeure liquide jusqu'à sa sortie du corps de l'animal.

Stigmate Orifice rond menant à la trachée, ou tube respiratoire. Plusieurs stigmates s'ouvrent de chaque côté du corps de l'insecte.

Stridulation Son produit par le frottement de deux choses. De nombreux insectes communiquent ainsi en frottant leurs pattes contre leur corps.

Stylet Appareil buccal très pointu servant à piquer les végétaux ou les animaux.

Thorax Partie centrale du corps d'un animal. Chez les insectes, le thorax est séparé de la tête par un « cou » étroit. Chez les araignées, le thorax et la tête forment une seule entité.

Tissu Partie de l'organisme composée d'un grand nombre de cellules présentant une structure et une fonction similaires.

Toile de pouponnière Dôme de soie tissé par certaines araignées autour de leurs œufs pour les protéger avant l'éclosion.

Trachée Tube respiratoire de l'animal. Chez les vertébrés, il existe une seule trachée qui conduit aux poumons. Le corps des insectes, en revanche, est parcouru de multiples petites trachées.

Venimeux Qualifie une créature qui possède un poison et s'en sert pour attaquer les autres animaux. Les animaux venimeux attaquent généralement par morsure ou par piqûre.

Vertébré Animal doté d'une colonne vertébrale. Les vertébrés comprennent les poissons, les amphibiens, les reptiles, les oiseaux et les mammifères.

Vivipare Qualifie les animaux dont les petits naissent sans enveloppe ni coquille.

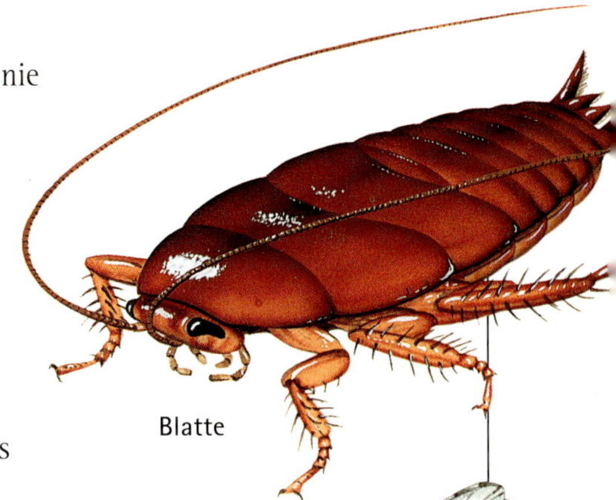
Blatte

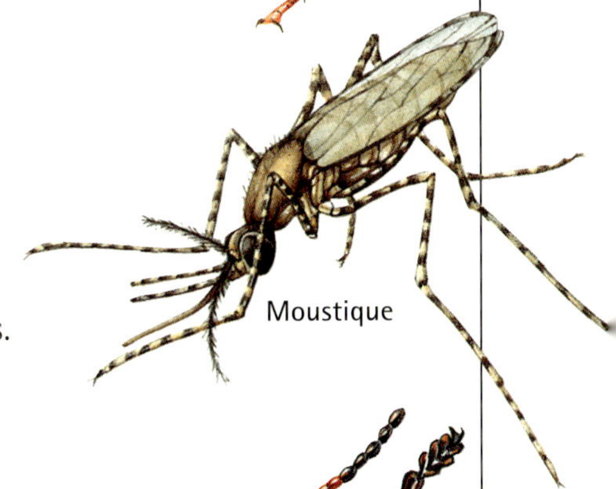
Moustique

Scarabée tortue

Chenille arpenteuse

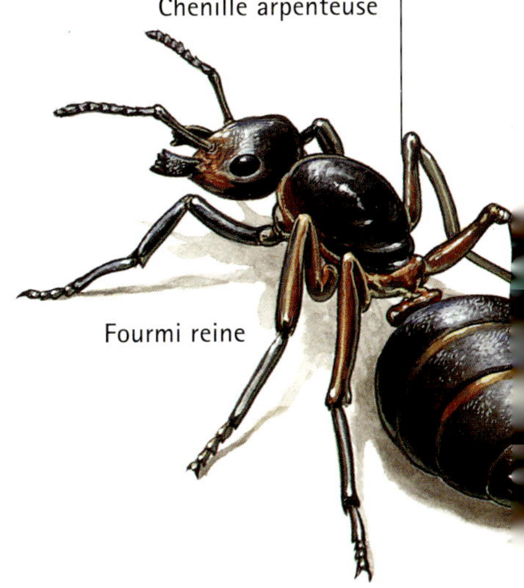
Fourmi reine

Index

A

abdomen, 8, 9, 13, 43, 51, 62
alimentation 6, 10, 11, 14-15, 26, 28, 32, 35, 36, 39, 40, 44, 46, 47, 52, 54-55, 56
abeille 8-11, 16, 18, 19, 27, 28, 32, 34, 42-43, 48, 60
abeille domestique 8-11, 16, 27, 32, 42-43, 48
accouplement 25, 26, 32, 33, 42, 51, 58
acridien 13, 14, 20, 21, 24, 30-31, 32, 60
agélénidé 53, 57, 61
aile 8, 9, 10, 11, 13, 24, 27, 28-29, 35, 40, 41, 44
antenne 8, 12, 13, 32, 41, 62
aphodiiné 49
appareil
  buccal 8, 14, 47
  respiratoire 10, 11, 25, 51
arachnide 8, 50, 62
araignée 8, 16, 50-59, 60, 61
  bébé 56, 57, 58
  -crabe 54, 61
  -loup 58, 61
  orbitèle 52, 53, 59, 61
  salticide 50, 52, 54, 61
argyronète 51, 55
arlequin de Cayenne 35
armure 8, 9
arthropode 8, 60, 62
asticot 26, 45, 62

B

blatte 9, 13, 23, 24, 48, 60
bombyx Hercule 40
bourdon terrestre 42
branchie 62

C

calliphoridé 45
camouflage 11, 16, 20-21, 37, 40, 47, 54, 56, 62
capricorne 35
céphalothorax 50, 51, 62
cercopidés 30, 34
chaîne de ganglions 10, 11, 63
charançon 14, 18, 35, 48, 60
  girafe 35
chasseur voir *prédateur*
chenille 16, 17, 18, 20, 21, 26-27, 30, 31, 39, 40, 48
  de géomètre 16, 63
chitine 8, 62
chrysalide 40, 42, 63
cicindèle 16-17
cigale 24, 25, 32, 46, 47, 60
coccinelle 16, 27, 28-29, 38, 60
cocon 26, 27, 58, 62
cœur 10, 11, 51
coléoptère 6, 7, 12, 15, 16-17, 18, 25, 27, 28-9, 30, 35-38, 48, 49
collembole 30, 60
communication 32-33, 58
corise 30, 60
couleur 20, 32, 40, 46, 56
crochet 50, 61
cuticule 50, 51
cycle de vie 22-27

D

dard 8, 11, 16, 42, 48, 56
défense 18, 20-21, 26, 28, 38, 40, 46, 56-57 voir aussi *dard*
demoiselle 25, 60
dermaptère 7, 22, 24, 60
dolomède 54
doryphore 48
drosophile 44
dynastes Hercule 35-38
dytique 6, 16, 25, 30

E

épeire diadème 56
éphémère 25, 60
espèce 60
essaim 6, 28, 48-49
exosquelette 8, 9, 10, 11, 62

F

famille 60
faux bourdon 42, 62
fileuse 52-53, 58
filière 51, 52, 58, 63
fil transporteur 54, 59, 62
fossile 6
fourmilion 13, 23, 41, 60
fourmi 13, 14, 16, 17, 20, 22, 32, 34, 39, 42, 43, 47, 60
fungivoridé 17

G

ganglion 10, 62
gelée royale 42, 43
genre 60
gerris 30, 31, 46, 60
gésier 11
goliath 7, 35
goût 12, 26, 32
grillon 33, 61
gryllidé 13, 21, 30, 32, 33, 60, 61
guêpe 16, 17, 18, 23, 29, 34, 39, 42, 56, 57, 60
gyrin 37

H

haltère 29, 44, 62
hanneton 6
homoptère 24, 46-47, 48, 60
homme 48-49, 57

I-J

imago 24, 25, 26, 27
insecte
  aquatique 6, 23, 24-25, 30, 31, 45
  nuisible 48
  ouvrier 13, 27, 32, 42, 43, 63
  social 6, 28, 42-43, 63
intestin 10, 51
invertébré 62
jabot 10, 11

L

larve 11, 16, 17, 18, 19, 21, 22, 25, 26, 27, 30, 38, 42, 44, 45, 63
lépidoptère 12, 14, 16, 17, 18, 20, 21, 26, 27, 28, 29, 32, 40-41, 48, 60, 61
libellule 6, 12, 16, 24, 25, 28, 29, 60
locomotion 30-31
lucane cerf-volant 18, 27

M

machaon 40-41
maladie 44, 48, 49
mante religieuse 14, 15, 16, 21, 22, 24, 28, 60
métamorphose 24, 26, 63
miel 43, 48
migration 28, 63
moucheron 28, 44, 45, 60
mouche 10, 12-13, 14, 15, 19, 27, 29, 44-45, 48, 60
  tsé-tsé 22, 44
moustique 12, 14, 25, 26, 44, 48, 49, 60
mue 9, 24, 26, 46, 50, 58, 63
muscidé 14, 15, 44, 48
muscle 8, 10, 28
mygale 50, 54, 55, 56, 57, 58, 61

N

nectar 10, 14, 18, 28, 36, 40, 42, 43
nid et abris 34, 39, 42
nymphe 22, 24, 25, 26, 27, 46, 63

O

ocelle 8, 13, 63
odorat 12, 20, 26, 32, 40, 46
œil 8, 10, 12, 13, 44, 50, 51, 54, 58
  composé 8, 13, 62
œuf 6, 22, 23, 24, 25, 26, 27, 30, 34, 38, 39, 42, 45, 46, 52, 56, 58, 59
ommatidie 13, 62
ordre 6, 35-38, 40-47, 60-61, 63
oreille 13
ouïe 12, 13, 32, 33
ovipositeur 23, 63
oxygène 11, 25

P

palpe 14, 63
papillon de nuit 12, 14, 16, 17, 18, 21, 26, 27, 28, 29, 32, 40, 41, 48, 60
parasite 16, 17
patte 8, 9, 10, 11, 13, 15, 18, 30, 31, 50
pédipalpe 51, 58,
pentatome 46
phasme 20, 60
phéromone 32, 63
phyllie 20, 22, 42
piège 16, 53, 54, 56, 57
plante 14, 18-19, 24, 36, 46, 48
  carnivore 19
poids 7, 30, 35
poison 11, 40, 50, 51, 57
poisson d'argent 9, 60
pollen 36, 42, 63
pollinisation 18, 48
portance 29, 63
pou de tête 12, 30, 60
prédateur 14, 15, 16-17, 19, 20, 21, 25, 42, 46, 47, 48, 50, 52-53, 54-55, 56, 63
psychide 39
puceron 16, 22, 28, 46, 47, 60
puce 8, 30, 48, 49, 60
punaise 23-24
  d'Australie 46
  d'eau 23, 46
  de lits 46

R

réduve 16
règne 60
reine 29, 42, 43, 63
reproduction 8, 12, 22-23, 58
respiration 10, 11, 25, 51

S

salive 14, 15, 47
sang 10, 44
sauterelle 6, 14, 24, 28, 48, 49, 60
scarabée 6, 12, 60, 61
scoliide 42
scolyte 38
scorpion 8, 25, 29, 50
  d'eau 25, 60
segmentation 9, 50, 61
sens voir *ouïe, vue, œil, oreille, goût, toucher, odorat*
soie 26, 27, 52, 53, 54, 55, 59, 63
son voir *ouïe, stridulation*
sous-ordre 60
sphinx 14, 17, 28, 41
stigmate 10, 11, 63
stridulation 32, 63
stylet 47, 63
syrphidé 44, 45, 60
système
  circulatoire 10
  digestif 8, 10, 11
  nerveux 10

T

taon 12-13, 23
taupin 30
température 6, 12
ténébrion 15
termite 22, 34, 39, 42, 48, 49, 60
thorax 8, 10, 28, 51, 63
thrips 28, 29, 60
tique 8, 50
toile en nappe 53, 61
toile pouponnière 58, 59, 62
toucher 12, 13, 32, 54
trachée 10, 11, 51, 63
trichoptère 27, 60
trompe 14, 40, 41, 63

V

venin 11, 40, 50, 51, 57
vers 26, 45
  luisant 32, 33, 60
vertébré 16, 60, 63
vibration 13, 48, 51, 52, 55
vol 6, 12, 27, 28-9, 40
vue 12, 32 voir aussi *œil*

Crédits photographiques

(h=haut, b=bas, g=gauche, d=droite, c=centre, C=couverture, D=dos, F=fond)

Ardea, 48c (I. R. Beames), 30bg (J. Daniels), 40bd (A. Warren). **Kathie Atkinson,** 26bg, 51bg, 56hg. **Auscape,** 9hg (K. Atkinson), 42c, (J. Cancalosi), 46hg, 52cd, 61bc (J. P. Ferrero), 14hg, 31bd, 58cd, 61cg, 61hg (P. Goetgheluck P. H. O. N. E.), 48/49c (Helio/Van Ingen), 23hcd, (C. A. Henley), 23bcd, 28bg (R. Morrison), 27bg (A. et J. Six), 60bg (J. Six), 61cd (G. Threlfo). **Austral International,** 42hg (R. Amann/Sygma), 50bd, (D. Heuclin/SIPA Press), 16bc, 31bg (H. Pfletschinger/Camera Press). **Australian Picture Library,** 52bd (M. Moffett/Minden Pictures). **Dr. Hans Bänzinger,** 41bd. **Bruce Coleman Limited,** 29hd (J. Brackenbury), 16hg, 18bg, 53bd, 58bg (J. Burton), 47bg (J. Cancalosi), 56bd (R. P. Carr), 25hg (G. Dore), 36hg (M. P. L. Fogden), 50cg (F. Labhardt), 39h (G. McCarthy), 28bd, 38bd (Dr. E. Pott), 57bd (F. Prenzel), 27c (Dr. S. Prato), 32c, 52bg, 60hg (Dr. F. Sauer), 50hd, 58hd (A. Stillwell), 19bg, 20cg, 23hd, 47bd, 54bc (K. Taylor), 34cg (P. Ward). **CSIRO Division of Entomology,** 48d (J. Green), 13b (Melbourne University Press). **Ellis Nature Photography,** 46cg. **Pavel German,** 56hc. **Mantis Wildlife,** 11cd, 24g, 26cg, 39bd, 43hd, 47hd (D. Clyne), 58bd (J. Frazier). **Mary Evans Picture Library,** 49hc. **NHM Picture Library,** 6hd, 6bg, 11hc (The Natural History Museum, Londres). **NHPA,** 14c, 22hg (A. Bannister), 44cg, 56bg (G. I. Bernard), 32bd (S. Dalton). **Oxford Scientific Films,** 9bd, 22cg, 55d (G. I. Bernard), 17hg (S. Camazine), 43hg, 49hg, 56bc, 59hg (J. A. L. Cooke), 21cd, 54cg (D. Fox), 15hd, 31hg (London Scientific Films), 54bg (A. Ramage), 37bd (K. B. Sandved), 6bd (D. Shale), 34bg (H. Taylor Abipp). **Nature Focus,** 10bd, 11hd (Australian Museum). **Charles Palek,** 6hg. **The Photo Library, Sydney,** 14bcd, 30hd, 45hd (Dr. J. Burgess/SPL), 24hd (C. Cooper), 44bc (M. Dohrm/SPL), 38h (M. Kage/SPL), 10bg, 14bd, 14bg, 20hg (Nuridsany et Perennou/SPL), 40hd, (A. Pasieka/SPL), 21hg (J. H. Robinson), 8bd, 13hd, 14bcg, 46bg (D. Scharf/SPL), 18c (SPL), 11hg (A. Syred/SPL). **Planet Earth Pictures,** 48bc (J. Downer), 41bg, 46c (G. du Feu), 11bg, 42bg, 52hd, (S. Hopkin), 16bd, 21hd (B. Kenney), 23hg (K. Lucas), 12bc, 12bd (J. Lythgoe), 48hd (J. et G. Lythgoe), 18cg (D. Maitland). **Premaphotos Wildlife,** 17hd, 20bg, 22bg, 40c, 44c, 56cg (K. G. Preston-Mafham). **Terra Australis Photo Agency,** 31hd, 45bd (E. Beaton).

Illustrations

Susanna Addario, 3, 30hg, 30cd, 42/43b, 42hd, 63bcd. **Martin Camm,** 18hg, 18bd, 19h. **Simone End,** 1, 7bd, 7bc, 29bd, 29bg, 35g, 37bg, 38bc, 38bg, 63cd, icônes. **Christer Eriksson,** 5bd, 6/7c, 15bd, 16bg, 28/29c, 30/31c, 35/38c, 54/55c, 61hd, 62hg. **Giuliano Fornari,** 52cg, 53c, 53cd, 53hd, 53hcd. **Jon Gittoes,** 46/47c. **Ray Grinaway,** 4hg, 5hg, 5cd, 7c, 14hc, 14cg, 15hg, 28/29h, 28cg, 28c (J. Brackenbury/Cassell), 40bg, 40hcg, 40bcg, 40hg, 44bg, 54hg, 54c, 62cg. **Tim Hayward/Bernard Thornton Artists,** G.-B., 22/23c, 22c, 58/59c, 58cg, 63bd. **Robert Hynes,** 20/21c, 21bd, 34/39c, 34hg, 39hd, 39cd. **David Kirshner,** 8/9c, 8bg, 9hd, 10/11c. **Frank Knight,** 26/27h, 27bd. **James McKinnon,** 56/57c. **John Richards,** 32/33c, 32bc, 32bcg, 32cg, 32hg, 33b, 62hcg. **Trevor Ruth,** 2, 40/41c, 41hd, 41cd, 44hg, 44/45c. **Claudia Saraceni,** 4/5bc, 16/17c, 17d, 48hg, 48bg, 49bg, 63hcd. **Kevin Stead,** 4bg, 5hd, 12/13c, 12g, 13d, 19bd, 24/25c, 24b, 25hc, 25hcg, 25hd, 32bg, 62bcg, 62bg, 63hd. **Thomas Trojer,** 50/51c, 50bg, 51bd. **Rod Westblade,** pages de garde.

Couverture

Susanna Addario, Dbd. Martin Camm, Chg. Richard Davies, F. Christer Eriksson, Chd, Cbc. David Kirshner, Dhg.